STÉPHANE BRUCHFELD / PAUL A. LEVINE

« DITES-LE À VOS ENFANTS »

HISTOIRE DE LA SHOAH EN EUROPE, 1933-1945

Préface
de SERGE KLARSFELD

Traduit de l'anglais par
Marie-France de Paloméra

RAMSAY

Stéphane Bruchfeld

Stéphane M. Bruchfeld est né à Stockholm en 1955, de parents français d'origine allemande, et suédois. Au terme d'une formation universitaire initiale scientifique, il se tourne vers l'étude de la philosophie, afin d'aborder la question du racisme et de l'antisémitisme. Membre du comité suédois contre l'antisémitisme, il travaille actuellement au programme d'études sur l'Holocauste et le génocide de l'université d'Uppsala. Auteur de nombreux livres et articles sur la Shoah, il vit aujourd'hui à Stockholm, avec sa femme et ses trois enfants.

Paul A. Levine

Paul A. Levine, docteur en philosophie, travaille également au programme d'études sur l'Holocauste et le génocide de l'Université d'Uppsala. Longtemps directeur de programmes éducatifs autour de l'Holocauste, il a parallèlement guidé, à plusieurs reprises, des groupes d'universitaires et de professeurs à travers la Pologne et les camps d'extermination. Il appartient aujourd'hui, en qualité d'expert, à la commission gouvernementale de Suède sur les avoirs juifs.

Titre original : *...om detta må ni berätta*

ISBN 2-266-11199-X

Avant-propos

Ce livre a été écrit à l'origine pour « L'Histoire vivante », le programme du gouvernement suédois mis en place pour l'enseignement de la Shoah. Nous avons voulu écrire une histoire de la Shoah qui serve aux parents de point de départ pour un dialogue avec leurs enfants sur la morale humaine, les valeurs de la démocratie et l'éthique de la société. Or, en notre qualité d'historiens, nous restons convaincus que l'histoire de la Shoah ne peut pas et ne doit pas être traitée comme un sujet exploitable par la politique, à la mode aujourd'hui mais oublié demain. Poursuivre la réflexion et le dialogue sur la Shoah et ses répercussions actuelles est un besoin vital pour la société contemporaine, et aucune campagne éducative temporaire, si réussie soit-elle, n'y pourvoira jamais complètement. Il est tout aussi indispensable que cette activité repose, non sur des approximations floues, mais sur une connaissance et une compréhension solides de l'historique des faits. Seuls la poursuite permanente des travaux de recherche et l'enseignement inlassable de ce qui s'est passé permettront de les acquérir.

Cependant, l'enseignement et l'étude de la Shoah posent de nombreux problèmes et sont difficiles à cerner avec rigueur. L'ampleur de cette tragédie déborde les limites d'un seul livre, et il est clair que les pages qui suivent ne représentent qu'une infime fraction de l'état des connaissances, qui ne cessent de s'étoffer. C'est pourquoi nous vous recommandons d'élargir par vous-mêmes votre savoir.

On ne saura jamais exactement combien la vision nationale-socialiste d'une Grande Allemagne « de race pure » fit de morts. En revanche, l'ampleur du crime ne pourra jamais être niée. Entre cinq millions et juste un peu plus de six millions de Juifs périrent dans cet assassinat de masse systématique et industrialisé. Plusieurs centaines de milliers de Tsiganes furent également exterminés au nom de l'idéologie nazie, dans un génocide que ce peuple appelle *Porrajmos*. L'idéologie du national-socialisme s'en prit aussi à plus de cent mille handicapés et arriérés mentaux, à des milliers d'homosexuels et de témoins de Jéhovah, à plusieurs millions de civils polonais et d'Europe de l'Est, et à des millions de prisonniers de guerre soviétiques.

Mais ce sont des statistiques abstraites. Il est essentiel de comprendre que, derrière chaque chiffre, il y avait un nom et un visage, un enfant, une mère ou un père, un parent, un ami, un voisin ou une connaissance. C'est pourquoi le livre s'ouvre sur l'histoire des enfants de la Bullenhuser Damm. Une histoire qui finit mal, tristement caractéristique de la Shoah. Les nationaux-socialistes et leurs dizaines de milliers de collaborateurs assassinèrent près d'un million et demi d'enfants juifs. Six courtes années après, neuf sur dix de ceux qui étaient vivants en 1939 avaient péri. Comment cela a-t-il pu se produire ? Qui est responsable ?

L'étude de la Shoah ne fournit pas de réponses toutes faites à ces questions insupportables. Pendant des décennies, les plus hauts représentants de l'État français ont nié que la persécution des Juifs nés en France et des Juifs étrangers à laquelle se livra le gouvernement de Vichy pût s'inscrire dans l'histoire générale de la France. Rares sont ceux qui soutiennent encore ce point de vue aujourd'hui. Il nous incombe à tous de regarder cette période en face et de reconnaître qu'elle a existé. La Shoah s'est produite, elle était donc possible, en France et dans toute l'Europe, et sa réalité doit nous maintenir perpétuellement en alerte ; nous, aujourd'hui, et les générations de demain. Rien ne garantit que cela ne se reproduira pas.

Malgré les nombreuses controverses que suscitent en France les représentations de la Shoah, nous espérons que cette édition française, qui s'enrichit d'une contribution de Serge Klarsfeld, sous la forme d'une préface et d'un chapitre consacré à la France, participera à la compréhension de la Shoah. Surtout, nous souhaitons qu'elle incite les lecteurs et les enseignants de tous âges à approfondir la question et qu'elle permette d'ouvrir un dialogue entre les générations sur les valeurs humaines et sur l'Histoire.

Stockholm, Suède, juin 2000

STÉPHANE BRUCHFELD ET PAUL A. LEVINE.

Préface
de Serge Klarsfeld

L'enseignement de la Shoah est devenu indispensable. Le Forum international de Stockholm sur l'éducation, la recherche et la mémoire de la Shoah (26-28 janvier 2000) a confirmé l'opportunité de l'initiative prise, il y a deux ans, par le Premier ministre suédois Göran Persson : créer une force d'intervention, une « Task Force » chargée de promouvoir cet enseignement dans de nombreux pays. Les neuf pays faisant partie de la Task Force, Suède, États-Unis, Royaume-Uni, Israël, Allemagne, Pays-Bas, Italie, France et Pologne, ont rassemblé diplomates, experts, enseignants, ONG pour aider, à leur demande, des pays moins avancés dans la connaissance de la Shoah. Il s'agit principalement de former des enseignants qui sauront, à leur tour, former des générations d'élèves, d'étudiants et d'enseignants. Des pays tels que la République tchèque, l'Argentine, la Lettonie, la Lituanie, l'Ukraine, la Bulgarie, la Russie sont prêts à s'engager dans cette voie.

La résolution commune, à laquelle se sont associés les quarante-six pays représentés à Stockholm, témoigne de cette volonté pédagogique internationale de transmission de la mémoire de la Shoah. À cette occasion, le discours du Premier ministre français, Lionel Jospin, à Stockholm, a exprimé cette détermination : « L'enseignement de la Shoah, la compréhension des causes qui l'ont permise, l'hommage rendu à ceux qui l'ont combattue, constitue un devoir. En France, nous souscrivons désormais pleinement à ce devoir de mémoire et d'éducation. Si les gouvernements ont tardé à reconnaître la responsabilité de l'État dans la persécution et la spoliation des Juifs de France pendant la Seconde Guerre mondiale, l'œuvre accomplie en quelques années est très importante... Nous avons l'intention de créer une fondation dont le souci essentiel sera l'enseignement de la Shoah. Pareille fondation ne peut espérer une véritable audience si l'aide et le concours de l'État ne lui sont pas acquis durablement. Ils le seront. »

Ce discours s'inscrit donc dans le droit fil de celui du président de la République, Jacques Chirac, le 16 juillet 1995, à l'occasion de la commémoration nationale de la rafle du Vélodrome d'Hiver, le 16 juillet 1942 :

« Ces heures noires souillent à jamais notre histoire et sont une insulte à notre passé et à nos traditions. Oui, la folie criminelle de l'occupant a été secondée par des Français, par l'État français... La France, patrie des Lumières et des Droits de l'homme, terre d'accueil et d'asile, la France, ce jour-là, accomplissait l'irréparable. Manquant à sa parole, elle livrait ses protégés à leurs bourreaux... Transmettre la mémoire du peuple juif, des souffrances et des camps, témoigner encore et encore, reconnaître les fautes du passé et les fautes commises par l'État, ne rien occulter des heures sombres de notre histoire, c'est tout simplement défendre une idée de l'homme, de sa liberté et de sa dignité. C'est lutter contre les forces obscures, sans cesse à l'œuvre. »

Le 29 février 2000, l'Assemblée nationale a décidé à l'unanimité la création d'une Journée nationale de commémoration « à la mémoire des victimes des crimes racistes et antisémites de l'État français et d'hommage aux Justes de France ».

Certains, sans parler des négationnistes, sont agacés par cette émergence continue de la Shoah et par la place que cet événement, peu étudié pendant des décennies, tend à occuper dans l'histoire contemporaine. Pour eux, il s'agit d'une prétention juive à l'unicité et à la palme du martyre ou bien d'un « Massacre des Innocents », statistiquement gigantesque mais ne différant pas dans sa nature de massacres antérieurs (les Arméniens) ou simultanés (les Gitans) ou postérieurs (Cambodge, Rwanda, Bosnie, Kosovo), ou bien, prétendent-ils, il s'agit d'un argument destiné à aider à l'édification ou au renforcement de l'État d'Israël. Certains considèrent aussi qu'en changeant de siècle et de millénaire, l'histoire est définitivement derrière nous et qu'il vaut mieux ne pas se retourner sur cette immense page noire du XXe siècle, ultime page du grand livre de la persécution des Juifs entre l'an mil et l'an deux mille.

Militant de la mémoire depuis plus de trente ans comme historien et comme homme d'action, je voudrais essayer de répondre à cette inévitable question : pourquoi l'enseignement de la Shoah serait-il indispensable ?

Ce qui distingue la Shoah de toutes les autres tragédies résulte de la combinaison de plusieurs éléments.

1. Elle est un drame de la civilisation européenne.

Le génocide juif est le résultat d'une opération essentiellement policière menée sur tout le territoire européen, sous l'impulsion allemande, et partout avec des complicités locales (à l'exception des pays neutres, l'Espagne, le Portugal, la Suisse, la Suède, qui en furent indirectement complices, au moins en procédant à des refoulements, en refusant de délivrer des visas, voire en aidant les pays de l'Axe quand ils étaient victorieux).

2. Elle est un drame de la civilisation chrétienne.

Le peuple, que le nazisme a cherché à anéantir, est celui qui a révélé au monde le monothéisme et la Bible, celui qui a donné naissance au christianisme. Ses valeurs morales se sont transmises par le christianisme à tout l'Occident, notamment le cinquième commandement : « Tu ne tueras point ». Cependant, la Shoah s'est déroulée sur le continent européen où, excepté les Juifs et un petit nombre de musulmans, tous les habitants étaient des chrétiens, catholiques, protestants ou orthodoxes. Le mépris où furent si longtemps tenus les Juifs par la Chrétienté a facilité la tâche des organisateurs de la « solution finale de la question juive » : il explique l'indifférence de ceux qui n'y prenaient pas part mais ne s'y opposaient point.

3. Elle est un drame de la civilisation occidentale.

Le génocide a été conçu et organisé en Europe par un État d'Occident, l'État allemand, par un pays, l'Allemagne, un des plus avancés au monde, tant du point de vue économique, social, administratif, technique, militaire que culturel et intellectuel. Les grands Alliés sont également concernés, même s'ils ont courageusement et victorieusement lutté contre les pays de l'Axe : l'Angleterre qui a fermé les portes de la Palestine, et laissé couler des bateaux chargés de Juifs ; les États-Unis qui n'ont qu'imperceptiblement ouvert leurs portes et qui n'ont fait aucun effort en 1938 pour que la conférence d'Évian trouve une solution pour l'accueil massif des Juifs européens.

4. Elle est un drame par son ampleur sans précédent.

En moins de cinq ans la destruction des Juifs européens a été réalisée aux deux tiers puisque, sur environ neuf millions de Juifs, six millions ont péri. Si le Reich avait pu tenir plus longtemps, aucun Juif n'aurait été libéré. Si les nazis avaient pu étendre leur influence à d'autres continents, des millions d'autres Juifs auraient été supprimés. Rappelons qu'il y avait à l'époque six millions de Juifs en dehors de l'Europe.

5. Elle est une tragédie de la modernité.

Confrontés aux difficultés techniques de la mise à mort simultanée de milliers d'être humains, les nazis ont conçu une machinerie industrielle pour supprimer leurs victimes dans de vastes chambres à gaz camouflées munies de fours crématoires. Une puissante et rationnelle organisation administrative, policière et diplomatique, fondée sur la division du travail, les réseaux ferroviaires et tous les moyens de communication les plus rapides, télex, télégrammes, dépêches, téléphones, ont été mis au service de la solution finale.

6. Elle est un drame de la nature humaine.

Ouvrant de terribles perspectives sur l'infinie capacité de l'homme dit civilisé à produire le mal, la cruauté nazie n'a connu aucune limite. Elle dépasse tout ce qu'on pouvait jusque-là redouter, affaiblissant la confiance de l'homme envers lui-même et révélant sa bestialité profonde.

7. Elle est un drame innommé.

Après la guerre, la Shoah n'a pas porté de nom. Le procès de Nuremberg contre les criminels nazis a parlé de « génocide des Juifs ». Avec la guerre froide, le silence historique et judiciaire est retombé sur la Shoah et c'est seulement avec la décision du gouvernement d'Israël de se saisir d'Adolf Eichmann et de lui faire, en 1961, un procès historique, celui de la solution finale de la question juive, que la Shoah a émergé de la nuit et du brouillard.

8. Elle est un drame menacé d'oubli ou de négation.

Les négationnistes et autres falsificateurs tentent de l'effacer de l'Histoire. Horrifiés par cette contestation infâme dont l'apogée se situe à la fin des années soixante-dix, les rescapés des camps d'extermination et leurs descendants ont su élaborer la riposte : rassembler l'indispensable documentation sur chaque aspect de la Shoah, susciter des témoignages et les enregistrer, favoriser les études universitaires et les thèses ; développer, renforcer, remettre à neuf les centres de documentation qui existaient déjà ; mais aussi créer de nouveaux et puissants centres. La génération des rescapés, celle des enfants des déportés et des survivants remplissent ainsi une mission scientifique et morale avec une ambition à la hauteur de la tragédie : écrire le nom et l'histoire de chaque victime. La Shoah doit représenter non pas des millions de victimes, mais une victime, plus une victime, plus une victime, afin que soient restitués à chacune d'entre elles son état civil, son itinéraire, sa dignité ; qu'elles soient extraites de l'oubli et de l'anonymat. Que d'objets de l'Histoire, ces noms redeviennent des sujets de l'Histoire.

Pourquoi donc une pédagogie de la Shoah ? Pour éviter en Occident le retour sous quelque nouvelle forme que ce soit de la barbarie ; le génocide juif interpelle la conscience universelle en raison de son ampleur, de ce qu'il a révélé d'inquiétant sur l'homme et de son impuissance à empêcher d'autres massacres et génocides en d'autres régions du monde. Le danger est réel et notre vigilance, sans verser dans l'alarmisme, doit être permanente et préventive. Le racisme, la xénophobie et l'antisémitisme sont toujours présents, et l'extrême droite est encore une famille politique en activité en Europe même hors des temps de crise. La Shoah est le produit véritable de ce que ces forces sont capables d'engendrer.

À condition que soient déjà éveillés l'esprit critique et la personnalité autonome de l'enfant qui la recevra, la connaissance civique de la Shoah peut s'acquérir au moyen d'un enseignement pluridisciplinaire, ainsi que par des entretiens avec des survivants de l'univers concentrationnaire ou avec des témoins. Elle peut s'appuyer sur la visite de lieux évocateurs, en suivant par exemple le parcours d'une famille, depuis le village où elle a été arrêtée jusqu'au camp français de rassemblement et de transit (Drancy), en passant par le centre départemental puis régional où elle a été transférée, ou jusqu'au camp d'extermination (Auschwitz). L'impressionnant pèlerinage à la Maison d'Izieu (Ain) n'est-il pas la formation la plus efficace pour qu'un enfant fasse définitivement le bon choix dans la vie ? Lequel repose sur les principes suivants : respecter la dignité de l'homme en chaque homme, quel qu'il soit, vieux, jeune, blanc, noir ou jaune, athlétique ou handicapé, pauvre ou riche, beau ou laid ; connaître dès son jeune âge les conséquences funestes de l'engagement derrière les démagogues des extrêmes ; surmonter ses propres préjugés, qui inclinent depuis des millénaires l'individu à considérer les autres, les étrangers, comme des ennemis.

L'étude de la Shoah, si elle passe par une leçon d'histoire, est aussi une leçon morale et civique qui enseigne que la valeur fondamentale est le respect absolu de la personne humaine. C'est ainsi que notre jeunesse parviendra, non seulement à maintenir et à renforcer la démocratie sous tous ses aspects en Occident, mais aussi à combattre l'inhumanité qui sévit encore dans de trop larges contrées de la planète.

SERGE KLARSFELD.

L'arrivée des premiers internés dans le camp de Drancy, le 20 août 1941.

Les enfants comme cobayes

En avril 1945 les armées alliées avaient pénétré très avant dans l'Allemagne nazie, mais les Allemands ne capitulèrent que le 8 mai. Au moment où la guerre touchait à sa fin, ceux qui se savaient coupables de crimes essayèrent de détruire le maximum de preuves.

Le 20 avril, à 20 heures – le jour même où Hitler fêtait son dernier anniversaire –, les « autocars blancs » évacuèrent les prisonniers scandinaves du camp de concentration de Neuengamme, à la périphérie de Hambourg. Dans le camp restaient vingt enfants juifs âgés de cinq à douze ans. Le groupe comprenait dix filles et dix garçons, dont certains étaient frères et sœurs. Les enfants ne figuraient pas au programme de sauvetage ce jour-là. Durant plusieurs mois ils avaient servi de « cobayes » à des « expériences » médicales conduites à Neuengamme par le médecin SS Kurt Heissmeyer. Il avait procédé à l'ablation des ganglions lymphatiques sur les enfants et leur avait injecté le bacille actif de la tuberculose par piqûres intradermiques. Le médecin avait aussi introduit le bacille directement dans les poumons de plusieurs d'entre eux à l'aide d'une sonde. Interrogé en 1964, Heissmeyer expliqua que pour lui « il n'y avait aucune différence entre les Juifs et les animaux ».

Quelques heures après que le dernier prisonnier scandinave eut quitté le camp, on emmena les enfants, ainsi que quatre prisonniers adultes qui avaient pris soin d'eux, dans un grand bâtiment scolaire de Hambourg, où ils arrivèrent juste avant minuit. Les adultes en question étaient deux médecins français, Gabriel Florence et René Quenouille, et les Hollandais Dirk Deutekom et Anton Hölzel. L'école s'appelait Bullenhuser Damm et avait servi pendant quelques mois d'annexe au camp de concentration. On l'utilisait aussi comme point de regroupement des prisonniers scandinaves en voie de rapatriement.

On conduisit le groupe à la cave. Dans la salle des chaudières, les soldats SS pendirent d'abord les adultes à un tuyau fixé au plafond. Puis ce fut le tour des enfants. D'après le médecin SS de service, quelques-uns avaient reçu une piqûre de morphine. Parmi eux se trouvait Georges-André Kohn, dans un état pitoyable. Georges-André, à peine conscient, fut le premier à être pendu, mais à un crochet du mur, pas au tuyau. Ensuite le caporal SS Johann Frahm pendit en même temps deux enfants à d'autres crochets, « comme des tableaux », expliqua-t-il lors de son interrogatoire en 1946. Il ajouta qu'aucun enfant n'avait pleuré.

Après la mort de tous les enfants, les SS présents reçurent de l'alcool et des cigarettes. Ce fut alors au tour du second groupe – cette fois vingt prisonniers de guerre soviétiques furent pendus. Nous ignorons leur nom, mais nous connaissons ceux des enfants et leur âge :

Mania Altmann, 5 ans,
Lelka Birnbaum, 12 ans,
Surcis Goldinger, 11 ans,

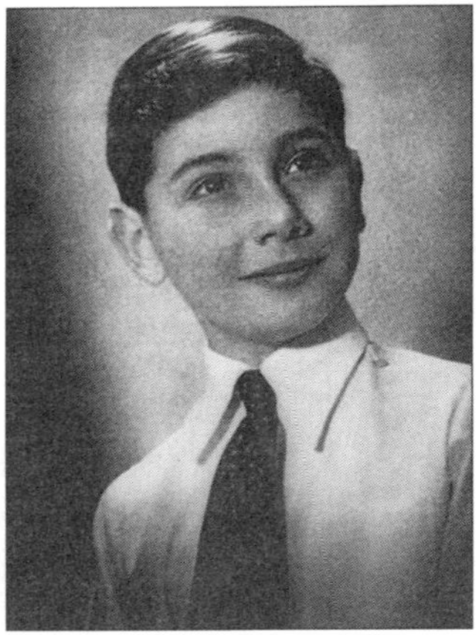

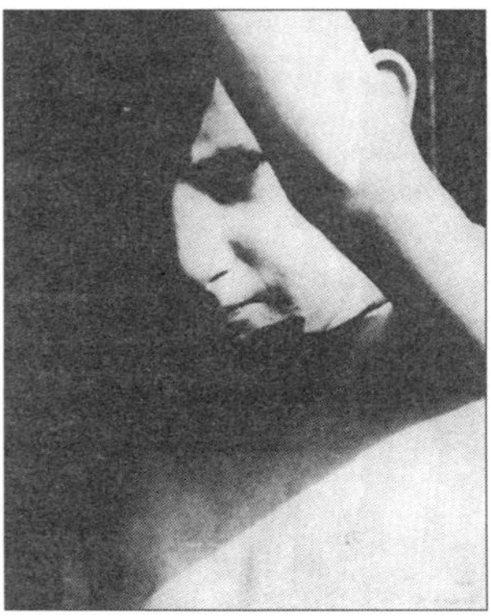

Le 17 août 1944,
Georges-André Kohn, 12 ans,
fut déporté avec sa famille
de Paris à Auschwitz.
C'était le 79e convoi
et l'une des dernières
déportations de Juifs français.
À son arrivée à Auschwitz,
Georges-André fut sélectionné
pour des expériences
pseudo-médicales.
On l'envoya au camp
de concentration
de Neuengamme à la fin
novembre. La photo de droite
date d'avant la déportation.
Le médecin SS Kurt
Heissmeyer prit la photo
de gauche à Neuengamme,
après l'ablation des ganglions
lymphatiques axillaires
de l'enfant.

Riwka Herszberg, 7 ans,
Alexander Hornemann, 8 ans,
Eduard Hornemann, 12 ans,
Marek James, 6 ans,
W. Junglieb, 12 ans,
Lea Klygermann, 8 ans,
Georges-André Kohn, 12 ans,
Blumel Mekler, 11 ans,
Jacqueline Morgenstern, 12 ans,
Eduard Reichenbaum, 10 ans,
Sergio de Simone, 7 ans,
Marek Steinbaum, 10 ans,
H. Wassermann, 8 ans,
Eleonora Witońska, 5 ans,
Roman Witoński, 7 ans,
Roman Zeller, 12 ans,
Ruchla Zylberberg, 9 ans.

Le lendemain les corps furent ramenés à Neuengamme, où ils furent incinérés. L'établissement s'appelle aujourd'hui l'école Janusz-Korczak. On y a planté une petite roseraie en souvenir des enfants.

Introduction

L'HISTOIRE de l'Allemagne nazie est indissociable de la conception du monde nazie. Clairement exposée dans *Mein Kampf* d'Adolf Hitler, l'idéologie nationale-socialiste aboutit à la Shoah. Hitler et son parti politique ne cachaient pas leur vision de l'humanité foncièrement raciste ni la répulsion que leur inspiraient la société démocratique et ses valeurs. Pour les nazis, la « race » voulait tout dire. Ils ne reconnaissaient à l'individu que sa valeur d'instrument au service de l'État raciste. La mise en œuvre de cette idéologie commença dès la prise du pouvoir, qui eut lieu le 30 janvier 1933.

« Rien ne donne plus d'assurance que le sentiment de la race. L'homme qui appartient à une race pure, clairement définie, en a toujours conscience [...]. La race élève un homme au-dessus de lui-même : elle le dote de pouvoirs extraordinaires – je dirais presque surnaturels –, tant elle le distingue de l'individu né du fouillis chaotique de peuples issus de toutes les parties du monde. »

H. S. CHAMBERLAIN, IDÉOLOGUE DE LA RACE

Les origines de l'idéologie raciste

Les thèses racistes étaient profondément enracinées dans la pensée de nombreux Européens bien avant l'arrivée au pouvoir des nazis. Au XVIIe siècle déjà, des penseurs et philosophes s'interrogeaient sur l'existence de races différentes au sein de l'humanité. En 1854, le diplomate

Arthur de Gobineau publia un livre sur l'« inégalité des races humaines » qui, au fil des ans, eut un retentissement de plus en plus grand. Il soutenait que la race dite « aryenne » était supérieure à toutes les autres, mais menacée par le « métissage » avec des « non-aryens », considérés comme « inférieurs ». À une époque où le nationalisme et l'impérialisme européens jouaient un rôle de plus en plus affirmé dans la politique intérieure et internationale, ces idées firent beaucoup d'adeptes.

« La question juive n'est pas seulement une affaire de commerce, c'est aussi une affaire de race et de culture [...]. Le judaïsme est la perte des peuples européens. »

PEHR EMANUEL LITHANDER, NÉGOCIANT ET MEMBRE DU PARLEMENT SUÉDOIS, 1912

Influencés par la théorie de la sélection naturelle de Darwin, souvent appelée « la survie du plus apte », des penseurs du monde occidental entreprirent d'appliquer ces notions biologiques à la société humaine. Le « darwinisme social » posait que les « forts » avaient un droit naturel à dominer, voire à asservir les « faibles ». Les idées de H. S. Chamberlain, écrivain allemand d'origine britannique, eurent aussi une influence considérable. En 1899 il publia un ouvrage dans lequel il exposait que la « race aryenne », conduite par les peuples germaniques, sauverait la civilisation européenne chrétienne de l'ennemi, le « judaïsme ».

Antisémitisme et biologie raciale

Les Juifs vivent en Europe depuis des temps très anciens. Bien que Jésus eût été tué par les Romains, l'Église rejeta dès le début du Moyen Âge la responsa-

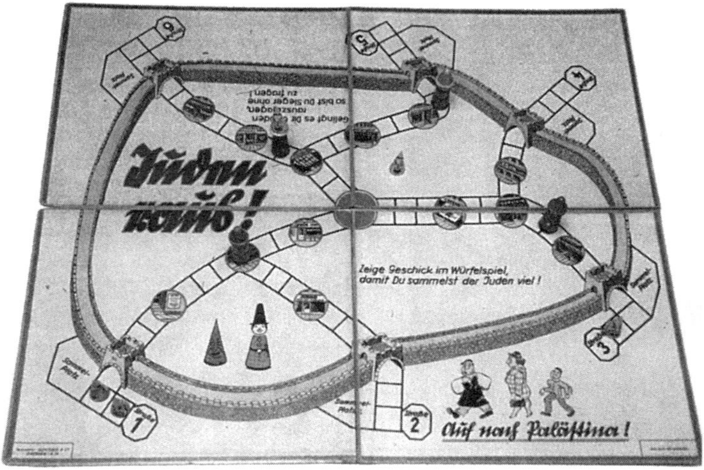

Le jeu s'intitule Juden raus ! *(Les Juifs dehors !) et fut commercialisé dans les années 1930 par un fabricant allemand qui le disait « très amusant » pour les adultes et les enfants. Les chapeaux figurant sur les pions ont la forme de ceux que les Juifs étaient contraints de porter au Moyen Âge et exhibent des caricatures antijuives. On peut lire sur le tableau : «Si tu réussis à chasser six Juifs, tu as gagné ! »*

bilité de sa mort sur les Juifs et les condamna parce qu'ils ne reconnaissaient pas en lui le Messie. Ces accusations, entre autres, entraînèrent la dégradation de la situation sociale des Juifs. Au fil des siècles, ils furent périodiquement victimes de violentes persécutions (les pogroms) et de massacres. Après la Révolution française de 1789 fondée sur des idées démocratiques, la situation des Juifs s'améliora. Au XIXe siècle, leur « émancipation » les intégra de plus en plus en qualité de citoyens normaux dans la société européenne. Pourtant, dans les dernières années du siècle, une nouvelle forme d'antisémitisme se développa en réaction à leur émancipation. La haine des Juifs s'exprima non seulement sur le plan religieux mais aussi politique. Lors de périodes d'incertitude politique, économique et spirituelle, les antisémites accusèrent les Juifs d'exercer une influence trop importante dans la société. Ils s'imaginèrent aussi que les Juifs complotaient en secret pour s'emparer du « pouvoir mondial ».

Au même moment, le darwinisme social commença à produire ses effets sur la science moderne. Ce courant trouva son expression la plus achevée dans l'« eugénisme », également appelé « hygiène raciale ». Ses adeptes affirmaient que les « gènes inférieurs » des « faibles » mettaient la société en danger. Ils prétendaient qu'on pouvait protéger et améliorer les qualités et la « santé » de la société en empêchant les gènes « faibles » de se reproduire et de se propager. Les thèses de l'eugénisme trouvèrent une application surtout pendant la première moitié du XXe siècle en Europe et aux États-Unis avec la stérilisation de centaines de milliers de personnes, principalement des femmes.

« Ces jeunes n'apprennent rien d'autre qu'à penser et à agir en Allemands. Et quand ces garçons et ces filles entrent dans nos mouvements à l'âge de dix ans et respirent ensuite l'air pur souvent pour la toute première fois de leur vie, après quatre ans dans les Pionniers ils sont incorporés dans la Jeunesse hitlérienne, et nous les y gardons quatre années de plus [...] et ils ne seront plus jamais libres de leur vie. »

ADOLF HITLER DANS UN DISCOURS, 2 SEPTEMBRE 1938

La Première Guerre mondiale (1914-1918) démontra que les sociétés industrialisées avaient la

Un membre de la Jeunesse hitlérienne instruit une fillette dans une colonie allemande en Pologne. La création de ces colonies en Europe orientale visait à garantir le Lebensraum *(l'espace vital) allemand. La population autochtone fut expulsée de ses terres et remplacée par des familles allemandes.*

capacité de tuer de manière organisée et à une échelle massive. Beaucoup des premiers membres du parti nazi étaient d'anciens combattants, qui avaient vécu personnellement la défaite de l'Allemagne comme un désastre. La minorité juive du pays en fut tenue pour responsable, et un désir de revanche se fit jour. Pour les nazis, la rédemption et le renouveau de l'Allemagne ne s'accompliraient que si l'on introduisait la biologie raciale, l'eugénisme et l'antisémitisme dans les pratiques politiques. Ils voulaient créer une société homogène « de race pure », qui reconnaîtrait l'existence de différences « naturelles » entre les individus. Cet objectif s'exprima dans les « lois de Nuremberg » de 1935. Ces lois visaient à isoler les Juifs du reste de la société, et elles s'appliquèrent bientôt également aux Tsiganes. Seuls les « citoyens de sang allemand ou apparenté » pouvaient jouir pleinement de leurs droits civils. Les experts juridiques qui rédigèrent les lois précisaient : « À l'égalité de tous [...] le national-socialisme oppose la prise de conscience, dure mais nécessaire, des différences fondamentales entre les individus [...]. »

Ces facteurs posèrent les fondements idéologiques nécessaires à la Shoah et ouvrirent la voie à sa mise en œuvre psychologique et technique. De 1933 à 1945, la persécution et le génocide furent perpétrés dans l'Europe entière, résultat concret du régime de Hitler et de son idéologie nazie.

« Outre chez eux et à l'école, tous les jeunes Allemands devront recevoir dans la Jeunesse hitlérienne une éducation physique, spirituelle et morale conforme à l'esprit du national-socialisme, pour le bien du peuple et de la communauté. »

EXTRAIT DE LA LOI SUR LA JEUNESSE HITLÉRIENNE, 1935

Anny Horowitz fichée

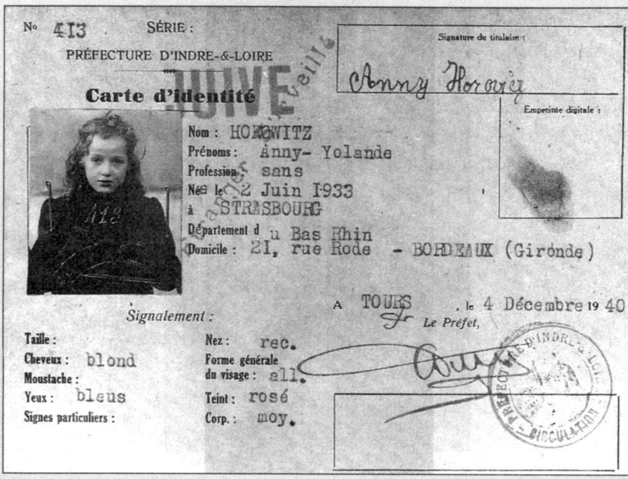
No 413 SÉRIE :
PRÉFECTURE D'INDRE-&-LOIRE
JUIVE
Carte d'identité

Signature du titulaire : Anny Horowitz

Empreinte digitale :

Nom : HOROWITZ
Prénoms : Anny- Yolande
Profession : sans
Née le 2 Juin 1933
à STRASBOURG
Département du Bas Rhin
Domicile : 21, rue Rode - BORDEAUX (Gironde)

A TOURS, le 4 Décembre 1940
Le Préfet,

Signalement :

Taille :
Cheveux : blond
Moustache :
Yeux : bleus
Signes particuliers :
Nez : rec.
Forme générale du visage : all.
Teint : rosé
Corp. : moy.

CIRCULATION

Après l'occupation de la France par les Allemands en 1940, les Juifs sont « fichés ». C'est le premier pas vers la Shoah.

Anny Horowitz était une Juive française née à Strasbourg en 1933, mais classée pourtant « étranger surveillé », comme le précise sa carte d'identité. D'abord internée dans un camp près de Tours, elle fut ensuite envoyée au camp de Drancy, dans la banlieue parisienne. Le 11 septembre 1942, elle fut déportée à Auschwitz dans le 31e convoi partant de France. Sa mère, Frieda, et sa sœur de sept ans, Paulette, se trouvaient avec elle dans le train. Le convoi emmena 1 000 hommes, femmes et enfants. À l'arrivée, plus de 600 personnes, dont tous les enfants, furent conduites directement aux chambres à gaz.

Anny et Paulette ne sont que deux cas parmi environ 1,5 million d'enfants juifs assassinés pendant la Shoah. Un sur dix en moyenne survécut. Dans certains pays, comme la Pologne et les États baltes, les chances de survie des enfants juifs étaient encore plus réduites.

Tirée d'un livre pour enfants allemand, Le Champignon empoisonné, *publié en 1938, cette illustration montre des enseignants et des enfants juifs chassés de leur ancienne école, qui devient « aryennement pure ». Le livre explique notamment que « de même qu'on a du mal à reconnaître les champignons vénéneux des champignons comestibles, il est très difficile de voir que les Juifs sont des dévoyés et des criminels ».*

Chronologie

1919 16 SEPTEMBRE
Adolf Hitler adhère au Parti ouvrier allemand.

1920 8 AOÛT
Création du Parti national-socialiste ouvrier allemand (NSDAP).

1923 8-9 NOVEMBRE
Munich, « Putsch de la brasserie ». Hitler tente de renverser le gouvernement bavarois et échoue. Il est condamné à cinq ans d'emprisonnement en avril 1924. Écrit *Mein Kampf* en prison.

1925 NOVEMBRE
Création à Munich des SS, alors gardes du corps de Hitler.

1928 20 MAI
Élections au Reichstag. Le parti nazi remporte 2,6 % des voix.

1931 14 SEPTEMBRE
Élections au Reichstag. À la suite de la crise économique mondiale, les nazis remportent 18,3 % des voix.

1931 DÉCEMBRE
Le chômage en Allemagne atteint un seuil critique :
5,6 millions de personnes sont sans travail.

1932 PRINTEMPS
Hitler échoue à deux reprises aux élections présidentielles allemandes.
31 JUILLET
Élections au Reichstag. Le parti nazi remporte son plus grand succès dans des élections libres. Avec 37,4 % des voix, il est le premier parti allemand.

Chronologie

1932 6 NOVEMBRE

Élections au Reichstag. Les nazis perdent du terrain, n'obtenant que 33,1 % des voix.

1933 30 JANVIER

Adolf Hitler devient chancelier. Les Juifs allemands constatent vite les effets de la politique antijuive des nazis.

20 MARS

Création de Dachau, le premier camp de concentration, à 16 km au nord de Munich. Les premiers détenus sont des communistes, des sociaux-démocrates et des syndicalistes, dont la plupart seront relâchés. Les méthodes brutales du commandant du camp, Theodor Eicke, inspirèrent celles de tous les autres camps de concentration.

1er-3 AVRIL

Boycottage des avocats, des médecins et des magasins juifs.

AVRIL

Les Juifs sont exclus de la fonction publique.

10 MAI

Les nazis brûlent en public les livres d'auteurs juifs et d'écrivains opposés au nazisme.

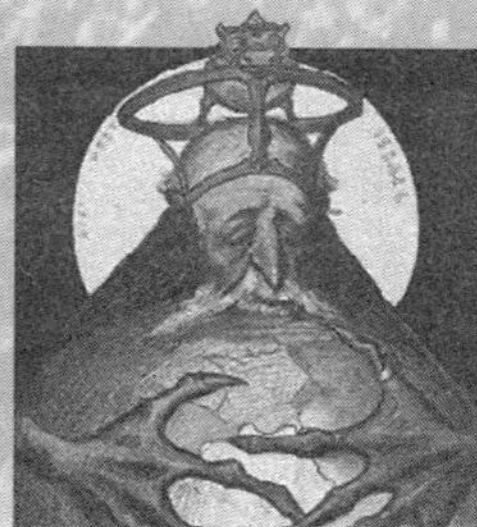

Caricature antisémite française « typique » de 1898. De nombreux symboles de cette image devinrent de grands thèmes de l'antisémitisme nazi.

14 JUILLET

Le Parti national-socialiste ouvrier allemand est le seul parti autorisé en Allemagne. Vote de lois prévoyant la stérilisation forcée des Tsiganes et des Allemands handicapés et de couleur.

SEPTEMBRE

Les Juifs sont exclus des activités culturelles.

Suite de la chronologie p. 38, 72 et 100.

La vie des Juifs et des minorités avant la guerre

Tous les pays européens comptaient des habitants juifs nés sur leur sol avant l'arrivée au pouvoir des nazis. La diversité de la population juive reflétait celle de l'Europe et, d'une façon générale, la vie des Juifs d'Europe de l'Est différait énormément de celle des Juifs d'Europe de l'Ouest. Vers le milieu du XIXe siècle, après des siècles de persécution, de discrimination, voire de mise en ghetto, l'« émancipation » avait reconnu leurs droits civils à la grande majorité des Juifs d'Europe de l'Ouest. Ces nouvelles libertés les aidèrent bientôt à prospérer et à participer à la modernisation rapide de la société européenne. Or malgré le progrès, ou peut-être à cause de lui, les Juifs devinrent la cible d'attaques politiques, émanant principalement de groupes hostiles au changement social et à la modernisation en cours. En Europe de l'Ouest et en

« Le monde est trop dangereux pour qu'on y vive – non à cause des gens qui font le mal, mais à cause de ceux qui les laissent faire sans bouger. »

ALBERT EINSTEIN,
PHYSICIEN ET MILITANT
DES DROITS DE L'HOMME

Europe centrale, la plupart des Juifs s'intégrèrent dans la société et trouvèrent leur place dans la vie quotidienne. L'antisémitisme persistait, mais la plupart des familles juives se sentaient en sécurité et nourrissaient de grands espoirs pour l'avenir de leurs enfants. Les Juifs se battirent avec honneur pour leurs pays pendant la Première Guerre mondiale, et les communautés juives participèrent à la reconstruction de l'Europe dans les années 1920.

En Europe de l'Est au début du XXe siècle, la majorité des Juifs exerçaient les mêmes métiers qu'auparavant et n'avaient rien changé à leur mode de vie traditionnel. Les XIVe et XVe siècles avaient vu l'arrivée d'émigrés juifs de France et d'Allemagne. Dans des régions comme la Pologne, les États baltes, l'Ukraine, la Russie et la Roumanie – un territoire immense comptant les plus fortes concentrations de population juive du monde –, une culture fondée sur la religion juive et la langue yiddish se créa au fil des siècles. Dans les petites villes et à la campagne, les Juifs vivaient souvent à l'écart de la population chrétienne, majoritaire. Pourtant, on observait l'ascension sociale d'une fraction importante de la population juive, qui accédait peu à peu à la bourgeoisie. Malgré les préjugés en vigueur, elle jouait un grand rôle dans la société urbaine.

L'antisémitisme demeurait profondément ancré dans la culture de l'Europe de l'Est, encore renforcé par la propagande et les mesures des gouvernements. Leurs conditions de vie difficiles avaient conduit des millions de Juifs à émigrer dans d'autres pays, principalement aux États-Unis. Devant cette situation ambiguë, beaucoup, Juifs ou non-Juifs,

Anne Frank

Anne Frank naquit à Francfort-sur-le-Main, en Allemagne, en juin 1929. Elle commença à tenir son Journal, un des plus célèbres témoignages sur la Shoah, à l'âge de treize ans. Traduit dans plus de cinquante langues, c'est aujourd'hui un des livres les plus lus au monde. Il a paru récemment dans sa version intégrale.

Peu après l'arrivée de Hitler au pouvoir en 1933, Anne et sa famille se réfugièrent aux Pays-Bas. Comme de nombreux Juifs allemands, son père Otto, sa mère Edith et sa sœur Margot croyaient et espéraient y être à l'abri de la persécution nazie. La photo de la page 26 montre Anne, âgée de six ans, jouant dans la rue avec son amie Sanne à Amsterdam en 1935.

La vie normale de la famille s'interrompit brusquement en mai 1940, lorsque l'armée allemande occupa le pays. Comme beaucoup d'autres Juifs aux Pays-Bas, Otto Frank aménagea une « cachette » pour les siens dans une petite annexe secrète de l'immeuble où il avait ses bureaux. En juillet 1942, ils furent obligés de s'y réfugier.

Anne notait dans son Journal, à propos de cette décision nécessaire de son père : « C'était dangereux de se cacher. Les Juifs qu'on découvrait ou qui étaient trahis partaient aussitôt en camp de concentration, et aider quelqu'un était puni de mort. » Malgré la protection de voisins non juifs, la famille finit par être dénoncée à la Gestapo et elle fut arrêtée le 4 août 1944.

Comme plus de 100 000 Juifs hollandais avant eux, la famille Frank fut conduite au camp de concentration de Westerbork. Un mois plus tard, ils étaient tous déportés à Auschwitz. Edith Frank mourut en janvier 1945, peu avant la libération d'Auschwitz. Anne et sa sœur Margot furent renvoyées dans l'ouest de l'Allemagne, au camp de concentration de Bergen-Belsen. Les deux sœurs moururent du typhus avant l'arrivée des soldats britanniques qui libérèrent le camp. Otto Frank survécut à la captivité et finit par revenir à Amsterdam. Des amis de la famille lui remirent le Journal d'Anne qu'ils avaient préservé.

réclamaient un changement radical. Dans les années 1930, malgré les progrès de l'assimilation, les rapports entre les minorités juives et les majorités chrétiennes, bien plus importantes en nombre, s'étaient profondément détériorés dans la plupart des régions. Les millions de Juifs qui vivaient encore en Europe de l'Est lorsque la Seconde Guerre mondiale éclata allaient bientôt périr dans l'appareil d'extermination nazi. La riche culture juive, religieuse et laïque, de l'Europe de l'Est disparut avec eux.

Les Tsiganes

Les populations connues sous le nom de Tsiganes (appelées aussi Roms) arrivèrent en Europe au Moyen Âge, après avoir fui le nord de l'Inde et traversé la Perse, l'Asie Mineure et les Balkans. D'abord acceptés, les Tsiganes éveillèrent bientôt la méfiance et suscitèrent toutes sortes d'affabulations. On les accusa d'être des espions et on les rendit responsables, comme les Juifs, de la mort du Christ. Pendant des siècles les chrétiens tuèrent les Tsiganes en toute impunité, organisant souvent des « chasses » au cours desquelles les Tsiganes étaient traqués et abattus comme des animaux. À l'époque moderne quelques Tsiganes continuèrent à vivre en nomades tandis que d'autres se fixaient dans les villes, exerçant souvent un métier et s'intégrant à la vie de la cité. On finit par voir en eux moins un groupe ethnique qu'un groupe social très peu considéré. Durant des siècles ils furent en butte à des croyances absurdes et à de graves préjugés, et aujourd'hui

Cette photo prise dans l'Allemagne des années 1930 montre un aspect « typique » de la vie tsigane. De nombreux Tsiganes allemands avaient néanmoins abandonné leur vie de nomades et s'étaient adaptés à la vie citadine. Les nazis assassinèrent des centaines de milliers de Tsiganes pendant la guerre, parmi lesquels très probablement les enfants de cette photo.

encore beaucoup d'Européens croient qu'ils volent les enfants, pratiquent la magie et propagent de graves maladies. Ils continuent d'inspirer une méfiance et une hostilité très profondes et largement répandues.

Les Tsiganes et les théories racistes

Quand les nazis arrivèrent au pouvoir, l'Europe comptait des millions de Tsiganes, dont 30 000 environ en Allemagne, où ils menaient une vie de nomades en roulottes ou de citadins ordinaires. Il existait depuis de nombreuses années en Allemagne un « service d'informations Tsiganes», chargé de les ficher et de consigner leurs déplacements. De nombreux responsables les considéraient comme un « danger ». On mettait régulièrement en garde la population contre la fréquentation de ces gens qui appartenaient, disait-on, à une « race différente ». En 1905 parut un almanach comportant des renseignements généalogiques et des photographies de centaines de Tsiganes allemands. En 1926 le Land de Bavière vota une loi contre « les Tsiganes, les vagabonds et les fainéants ». Un Tsigane qui n'avait pas d'emploi régulier risquait la maison de correction. Les nazis héritèrent de ces lois en 1933. La persécution qui visa bientôt les

Extrait de la loi bavaroise de juillet 1926 pour combattre les Tsiganes, les vagabonds et les fainéants

Article 1

Les Tsiganes et individus menant une vie de type tsigane – les « vagabonds » – ne peuvent se déplacer en roulotte et caravane que si les autorités policières compétentes les y autorisent.

Cette autorisation ne peut excéder une année civile au maximum et est révocable à tout moment. [...]

Article 2

Les Tsiganes et vagabonds ne sont pas autorisés à se déplacer avec des enfants d'âge scolaire. Les autorités policières compétentes peuvent accorder des dérogations si des mesures adéquates ont été prises pour l'instruction des enfants. [...]

Article 9

Les Tsiganes et nomades âgés de plus de seize ans ne justifiant pas d'un emploi régulier peuvent être envoyés en maison de correction pour une période pouvant aller jusqu'à deux ans par les autorités policières compétentes, par mesure de sécurité.

Trollmann « le Tsigane »

En mars 1933, Erich Seelig se voit retirer son titre de champion d'Allemagne de boxe dans la catégorie des poids moyens. Motif : il est juif. Le titre reste vacant jusqu'en juin de la même année. Puis un combat oppose deux boxeurs. Dans un coin du ring, Adolf Witt, « aryen ». Dans l'autre, Johann Trollmann. L'association de boxe nazifiée voit d'un mauvais œil que Trollmann convoite le titre : il est tsigane. Mais Trollmann, dit « le Tsigane », est l'un des sportifs les plus populaires d'Allemagne. Les nazis tenant à ménager l'opinion, l'association doit faire une exception. Aussi a-t-elle décidé de lui opposer Witt, seul challenger capable de le battre.

Mais le 9 juin Witt est humilié par son adversaire, pourtant plus léger que lui. Pendant douze reprises Trollmann, vingt-six ans, danse autour de Witt, accumulant les points et surclassant complètement son rival. Embarrassés, les organisateurs déclarent le match nul. Le public, furieux, proteste violemment pendant plusieurs minutes et menace de tout casser dans la salle. Les organisateurs finissent par céder et déclarent Trollmann champion d'Allemagne des poids moyens. Le magazine sportif *Boxsport* l'attaque aussitôt. On critique son style de boxe « étranger », théâtral, et on raille son « côté tsigane imprévisible ». Huit jours après, Trollmann est dépouillé de son titre. Sa carrière est finie.

Mais on avait déjà programmé un autre combat. Trollmann s'y présente teint en blond. Cette fois, au lieu de danser, il se plante au milieu du ring avec l'obstination d'un chêne et encaisse tous les coups. À la cinquième reprise, « le Tsigane » en sang est déclaré hors de combat.

Plus tard, trois de ses frères sont envoyés en camp de concentration ; Trollmann, lui, part à l'armée en 1939. Il se bat comme fantassin sur le front russe. En 1942, lors d'une permission, il est arrêté par la Gestapo et envoyé dans un camp de concentration, celui de Neuengamme, où on l'oblige à exécuter les travaux les plus pénibles. Pour se divertir, les gardes SS les plus robustes jouent au « champion allemand » avec le boxeur, alors âgé de trente-cinq ans et mourant de faim. Le 9 février 1943, les SS abattent Johann Trollmann à Neuengamme.

Tsiganes rappelait celle qui s'exerçait contre les Juifs. Même si le chef SS Heinrich Himmler estimait qu'il restait des « aryens de race pure » parmi eux, la grande masse des Tsiganes était tenue pour « métisse », donc « inférieure ». C'était aux « biologistes de la race » de décider qui devait être tué ou épargné.

Les homosexuels

Dès leur arrivée au pouvoir, les nazis entreprirent de persécuter la population homosexuelle d'Allemagne. Les dirigeants nazis pensaient que la présence de ce groupe dans la société compromettait le taux de natalité du peuple allemand ainsi que la santé physique et morale du « corps de la nation ». Des pelotons de SA (Section d'assaut) effectuaient des descentes dans les lieux qu'on savait fréquentés par les homosexuels, comme les cafés et même les maisons privées. La police les harcelait aussi.

Cette persécution mit fin au courant de libéralisation qui s'était amorcé à leur égard. Le gouvernement renforça la législation en vigueur sanctionnant les comportements homosexuels, et tout au long des années 1930 les homosexuels furent souvent arrêtés et soumis à un harcèlement de plus en plus sévère. Le chef SS Heinrich Himmler créa un bureau chargé de les ficher et de les pourchasser. De nombreux membres du parti nazi réclamèrent la peine de mort pour les « attentats aux mœurs » à caractère homosexuel. Vers la fin des années 1930 la persécution s'intensifia et, sur une population d'homosexuels estimée à 1,5 million, environ 100 000 furent arrêtés sur dénonciation, parmi lesquels de 10 000 à 15 000 aboutirent dans

« Au même moment on arrêta plusieurs homosexuels dans notre ville. Un des premiers à l'être fut mon ami, avec qui j'avais une liaison depuis l'âge de vingt-trois ans. Un jour la Gestapo vint chez lui et l'emmena. Cela ne servait à rien de signaler sa disparition : on risquait de se faire arrêter aussi. Il suffisait de les connaître pour être suspect. Après avoir arrêté mon ami, la Gestapo saccagea sa maison [...]. Le pire, ce fut les carnets d'adresses. Tous ceux qui y figuraient ou avaient un lien quelconque avec eux furent arrêtés. Moi aussi. [...] Nous dûmes nous montrer d'une extrême prudence avec tous nos contacts et je fus obligé de rompre avec tous mes amis. Nous nous croisions sur la route en nous ignorant, pour ne pas courir de risques. Les homosexuels ne pouvaient plus se rencontrer nulle part. »

TÉMOIGNAGE D'UN HOMOSEXUEL ALLEMAND

des camps de concentration où on les marqua d'un triangle rose. Ce signe de reconnaissance les exposait aux brutalités des SS, mais aussi des autres prisonniers, et des milliers d'entre eux périrent. On ignore le nombre exact d'homosexuels morts dans les camps, mais, au vu des preuves dont on dispose, on peut l'estimer à 60 % de cette population.

Dans le traitement infligé aux homosexuels, les nazis tentèrent de combiner leurs théories racistes avec les données de la « science » et soumirent certains d'entre eux à des expériences pseudo-scientifiques dans le dessein de modifier le comportement sexuel de ce groupe.

Les handicapés et les « asociaux »

Dans les années 1920, un groupe de scientifiques allemands commença à préconiser l'élimination des « bouches inutiles ». Ils désignaient ainsi certaines catégories de citoyens handicapés et frappés d'arriération mentale. On inventa l'expression « vie indigne d'être vécue ». Les nazis, dont l'idéologie enjoignait à la société d'aider ce qui était « sain » et de supprimer ce qui était « malade » et « inférieur », assimilèrent vite ces théories. On voyait dans les Juifs et les Tsiganes un danger externe pour le « corps de la nation » allemande, tandis que les handicapés et autres individus qui ne s'intégraient pas dans la « communauté du Peuple » apparaissaient comme un danger interne qu'il fallait isoler aussi et finalement éliminer. On les jugeait improductifs, donc un fardeau pour les membres de la société « sains » et « productifs ». Du point de vue

Prise au camp de concentration de Buchenwald entre 1938 et 1940, cette photographie montre un groupe de Juifs handicapés. Les nazis les jugeaient « inutiles », seulement bons à servir de « matière première » à la recherche pseudo-médicale. Il est peu probable que ces hommes aient vécu encore longtemps après la prise de cette photo.

racial et biologique, ils constituaient également un « matériau inférieur », leurs maladies dénotant leur prétendue infériorité congénitale. Cela faisait peser une menace croissante sur la santé du « corps de la nation ». Dans leur zèle pour « purifier » la société allemande et la « race aryenne », les nazis persécutèrent et emprisonnèrent des milliers de citoyens arbitrairement étiquetés « asociaux ». Cette catégorie comprenait, entre autres, les prostituées et jusqu'aux personnes sans travail qui refusaient deux fois une offre d'emploi. Même des individus accusés d'avoir été un objet de « scandale » pour d'autres Allemands étaient punis pour des raisons idéologiques. La « biologie criminelle » tenait les petits délinquants pour « inférieurs » du point de vue biologique. On stérilisait parfois de force les hommes ou les femmes rangés dans cette catégorie. Dans les camps de concentration, ce groupe portait un triangle noir.

Chronologie

1934 3 JUILLET
Des lois interdisent le mariage entre Allemands et individus de « race étrangère » ou « éléments de sang allemand déficients ».

2 AOÛT
Mort du président allemand Paul von Hindenburg.

19 AOÛT
Hitler se proclame Führer du Troisième Reich.

OCTOBRE-NOVEMBRE
Arrestation d'homosexuels à travers toute l'Allemagne.

1935 AVRIL
Les témoins de Jéhovah sont exclus de la fonction publique et beaucoup sont arrêtés.

21 MAI
Les Juifs sont exclus du service militaire.

15 SEPTEMBRE
Proclamation des lois de Nuremberg au congrès du parti nazi. Il est interdit aux Juifs de se marier avec des personnes de « sang allemand » ou d'avoir des relations sexuelles avec celles-ci. Pendant les années 1930 l'Allemagne édicta plus de 400 lois visant à restreindre les droits des Juifs.

26 NOVEMBRE
Les lois de Nuremberg sont étendues aux Tsiganes et aux gens de couleur.

1936 17 JUIN
Heinrich Himmler devient chef de la police allemande.

1er-16 AOÛT
Hitler inaugure les Jeux olympiques à Berlin.

Chronologie

1938 13 MARS
L'« Anschluss ». Le Troisième Reich annexe l'Autriche.
AVRIL
Tous les biens juifs doivent être enregistrés auprès des autorités.
6-15 JUILLET
Les représentants de 32 pays débattent du statut des réfugiés juifs à Évian.
17 AOÛT
Toutes les femmes juives de l'Allemagne nazie doivent ajouter Sara à leur prénom, et les hommes Israël.
5 OCTOBRE
Les passeports des Juifs allemands sont estampillés d'un grand J rouge. J comme Juif.
28 OCTOBRE
Près de 17 000 Juifs ex-polonais sont expulsés d'Allemagne et reconduits à la frontière polonaise.
9-10 NOVEMBRE
La « Nuit de cristal ». Pogroms, assassinats et destructions massives. Près de 30 000 Juifs sont internés dans des camps de concentration.
15 NOVEMBRE
Les écoles allemandes sont interdites aux enfants juifs. Après la Nuit de cristal la Suède accueille 500 enfants juifs allemands et la Grande-Bretagne plusieurs milliers.

1939 30 JANVIER
Hitler déclare au Reichstag qu'une guerre mondiale signifiera l'« anéantissement de la race juive en Europe ».
21 FÉVRIER
Les Juifs doivent remettre leurs bijoux et leurs métaux précieux.
29 JUIN
Déportation de plus de 400 femmes tsiganes d'Autriche au camp de concentration de Ravensbrück.

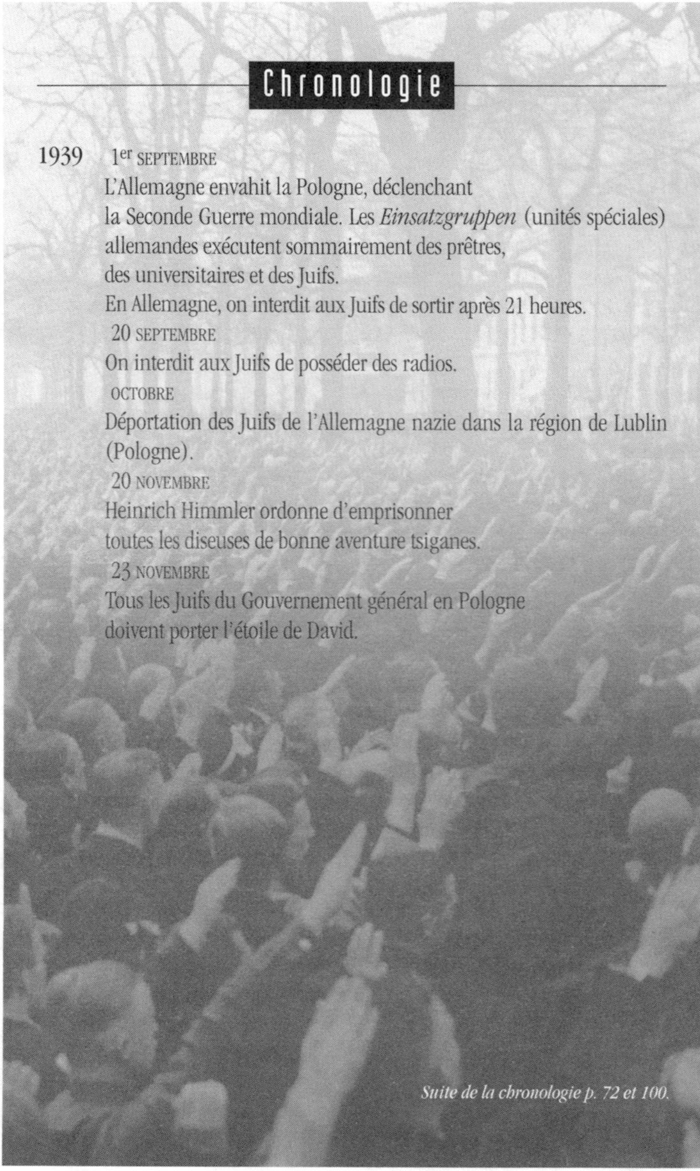

Chronologie

1939 1er SEPTEMBRE

L'Allemagne envahit la Pologne, déclenchant la Seconde Guerre mondiale. Les *Einsatzgruppen* (unités spéciales) allemandes exécutent sommairement des prêtres, des universitaires et des Juifs.

En Allemagne, on interdit aux Juifs de sortir après 21 heures.

20 SEPTEMBRE

On interdit aux Juifs de posséder des radios.

OCTOBRE

Déportation des Juifs de l'Allemagne nazie dans la région de Lublin (Pologne).

20 NOVEMBRE

Heinrich Himmler ordonne d'emprisonner toutes les diseuses de bonne aventure tsiganes.

23 NOVEMBRE

Tous les Juifs du Gouvernement général en Pologne doivent porter l'étoile de David.

Suite de la chronologie p. 72 et 100.

La persécution

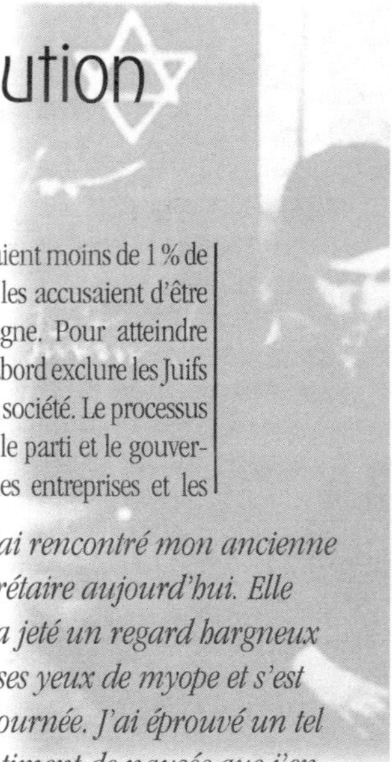

MÊME si les Juifs représentaient moins de 1 % de la population, les nazis les accusaient d'être les maîtres de l'Allemagne. Pour atteindre leurs objectifs, les nazis durent d'abord exclure les Juifs de tous les secteurs d'activité de la société. Le processus commença en avril 1933, quand le parti et le gouvernement appelèrent à boycotter les entreprises et les magasins juifs. Le boycottage inquiéta suffisamment de nombreux Juifs pour les inciter à émigrer, mais, d'une façon générale, les dirigeants nazis n'en tirèrent pas les résultats escomptés. Ils comprirent alors qu'ils devaient procéder avec plus de précautions et recherchèrent désormais le soutien actif de la population ou au moins son consentement passif aux mesures antijuives.

De 1933 à 1939, les nazis édictèrent plus de 400 lois privant les Juifs de leurs droits civils et économiques. Le processus de ségrégation et d'expropriation, qui dura cinq ans en Allemagne, s'effectua

> *« J'ai rencontré mon ancienne secrétaire aujourd'hui. Elle m'a jeté un regard hargneux de ses yeux de myope et s'est détournée. J'ai éprouvé un tel sentiment de nausée que j'en ai craché dans mon mouchoir. C'était une de mes patientes. Un jour je l'ai trouvée à la rue. Son ami l'avait quittée et elle était sans travail ni argent. Je l'ai prise en charge, formée durant des années et employée à ma clinique jusqu'au jour où on me l'a fait fermer. Maintenant elle a tellement changé qu'elle ne me salue plus ; moi qui l'ai sauvée du ruisseau ! »*
>
> JOURNAL DE LA DOCTORESSE JUIVE HERTHA NATHORFF, 9 OCTOBRE 1935

littéralement du jour au lendemain en Autriche, annexée au Reich en mars 1938 (c'est ce que l'on appelle l'Anschluss). Dans les deux pays, tous les Juifs exerçant une profession libérale, les médecins, avocats, enseignants, professeurs d'université et chefs d'entreprise, perdirent leur travail et, de ce fait, les moyens de faire vivre leur famille. Dans les écoles on chassa les enfants juifs de leurs classes, dans les universités on interdit aux étudiants juifs d'assister aux cours et aux professeurs juifs d'enseigner. Des milliers d'entre eux tentèrent d'émigrer, mais ceux qui parvinrent à trouver un pays d'accueil sûr furent le plus souvent contraints d'abandonner tous leurs biens.

Tandis que le processus de ségrégation et d'exclusion s'intensifiait dans les années 1930, la plupart des Allemands approuvèrent les mesures nazies ou restèrent silencieux – cautionnant ainsi sa poursuite. Lorsque l'on commença à déporter les Juifs allemands et autrichiens en 1940, les liens socio-économiques entre Juifs et non-Juifs étaient presque entièrement coupés. En septembre 1941 la mesure la plus symbolique de la ségrégation devint une réalité : les Juifs durent porter une étoile de David sur leurs vêtements lorsqu'ils sortaient de chez eux.

La « Nuit de cristal »

Le matin du 7 novembre 1938, Herschel Grynszpan, un Juif polonais de dix-sept ans, déchargea son arme sur Ernst vom Rath, un diplomate de l'ambassade d'Allemagne à Paris. Les parents de Grynszpan avaient été expulsés d'Allemagne la semaine précédente en

Le pillage des victimes du nazisme

Outre l'élimination physique, la Shoah s'accompagna de la spoliation planifiée et systématique des victimes dans ce qui fut le plus grand acte de brigandage de l'histoire européenne. Tout au long des années 1930, l'État nazi allemand et nombre de ses citoyens s'approprièrent les biens privés des Juifs : habitations, entreprises, œuvres d'art, mobilier et même héritages de famille. Les banques et les établissements appartenant aux Juifs furent confisqués, ou achetés par des particuliers pour une fraction de leur valeur réelle. Certains tentèrent de protéger leurs avoirs en les transférant à l'étranger, principalement en Suisse.

Les Juifs qu'on déportait dans les camps d'extermination se voyaient également dépouiller de leurs possessions. Vêtements, chaussures, lunettes, alliances, voitures d'enfant et même prothèses orthopédiques étaient récupérés et triés, et souvent réexpédiés en Allemagne à l'intention de la population.

On pillait même les cadavres. Les cheveux des femmes, coupés avant ou après le passage en chambre à gaz, servaient par exemple à fabriquer des chaussettes et des couvertures chaudes pour les équipages des sous-marins. On arrachait et fondait les dents en or. On utilisait parfois les cendres des corps incinérés comme engrais pour les champs.

C'est seulement aujourd'hui qu'on reconnaît l'ampleur du pillage. De nombreux pays européens, dont la France, ont créé des commissions nationales pour retrouver les avoirs juifs transférés sur leur territoire avant et pendant la guerre. L'ex-Allemagne de l'Ouest a versé des réparations aux Juifs vivant à l'Ouest, mais les survivants juifs d'Europe de l'Est n'ont souvent rien reçu.

même temps que 17 000 Juifs d'origine polonaise. Les conditions de vie dans le « no man's land » séparant l'Allemagne de la Pologne étaient déplorables, et Grynszpan – informé de la situation de ses parents – abattit le diplomate allemand en signe d'indignation et de révolte. Lorsque Rath mourut peu après de ses blessures, les militants du parti nazi se mobilisèrent à l'instigation du ministre allemand de la Propagande, Joseph Goebbels, et déclenchèrent le plus grand pogrom organisé de l'histoire de l'Europe moderne.

Dans toute l'Allemagne le soir du 9 novembre, et pendant la nuit du 9 au 10, plus de mille synagogues furent détruites et des milliers de magasins appartenant à des Juifs saccagés et pillés. On profana les cimetières juifs, on assassina une centaine de Juifs, près de 30 000 Juifs de sexe masculin furent arrêtés et envoyés en camp de concentration. Le gouvernement nazi rejeta la responsabilité des événements sur les Juifs et obligea les organisations juives à payer à l'État une énorme « amende » d'un milliard de marks. Les indemnités versées par les compagnies d'assurances aux Juifs furent confisquées et les commerçants juifs reçurent l'ordre de nettoyer les dégâts et de « rendre à la rue son aspect normal ».

Les entreprises juives terrorisées

Deux mois seulement après leur arrivée au pouvoir, les nazis s'en prirent aux entreprises juives et les soumirent à la terreur et au boycottage. Dès le mois d'avril 1933 le parti appela tous les Allemands à boycotter les établissements juifs. Le harcèlement fit bientôt partie de la vie courante des commerçants juifs, souvent brutalisés par des membres du parti, voire de la Jeunesse hitlérienne. Ceux-ci « marquaient » les devantures des magasins à la peinture pour éloigner la clientèle. Les médecins et les avocats juifs faisaient l'objet d'actes similaires.

En avril 1933 Hertha Nathorff, une doctoresse juive, nota dans son Journal : « Ce jour est gravé au fer rouge dans mon cœur. Dire que des choses pareilles arrivent encore au XXe siècle ! Devant tous les magasins, cabinets d'avocats, cabinets médicaux et appartements juifs on voit de jeunes garçons avec des affiches disant "N'achetez pas aux Juifs", "N'allez pas chez les médecins juifs", "Celui qui se fournit chez les Juifs est un traître", "Les Juifs sont l'incarnation du mensonge et de la fourberie". Les plaques des médecins sur les murs des maisons ont été souillées, et parfois endommagées, et les gens sont restés là bouche bée, à regarder en silence. Ils ont dû oublier de coller quelque chose sur ma plaque. Je pense que j'aurais réagi avec violence. C'était dans l'après-midi, avant qu'un de ces garçons vienne chez moi et me demande : "C'est une entreprise juive ?" "Ce n'est pas une entreprise du tout : c'est un cabinet médical, ai-je répondu. Vous êtes malade ?" [...]

« Le soir nous étions avec des amis au Hohenzollerndamm, trois couples, tous médecins. Ils étaient tous effondrés. Emil, l'optimiste de la bande, a tenté de nous convaincre : "Dans quelques jours on n'en parlera plus." Ils ne comprennent pas ma colère quand je dis : "Ils feraient mieux de nous tuer tout de suite. Ce serait plus humain que la mort psychologique qu'ils nous réservent..." Mais mes intuitions se sont toujours révélées fondées. »

Étudiants brûlant des livres « interdits » écrits par des Juifs et d'autres auteurs. Berlin, 10 mai 1933.

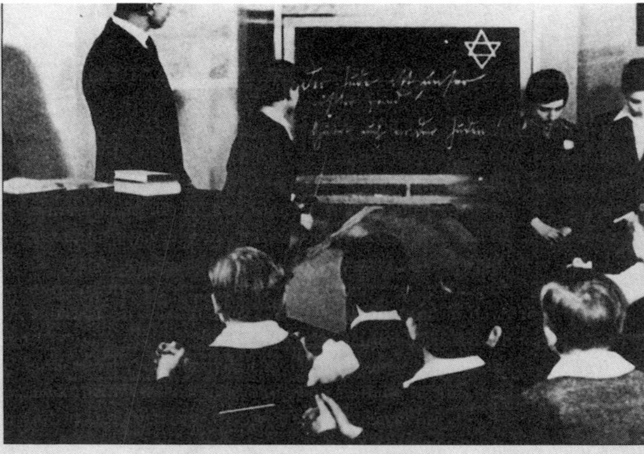

« Le Juif » chassé des écoles

À partir de 1933 les élèves juifs furent systématiquement chassés du système scolaire allemand. La photo montre deux élèves juifs humiliés pendant un cours d'idéologie nazie. On lit sur le tableau : « Le Juif est notre plus grand ennemi. Méfiez-vous des Juifs. »

Des élèves juives ont raconté les effets de l'introduction de l'idéologie nazie dans leur école pendant les années 1930.

Pour la jeune Hilma Geffen-Ludomer, seule enfant juive de la banlieue berlinoise de Rangsdorf, la loi sur le *numerus clausus* dans les écoles allemandes se traduisit par un changement de vie complet. L'« atmosphère sympathique de bon voisinage » se dissipa « brusquement [...]. Soudain, je n'eus plus d'amis du tout. Je n'eus plus d'amies filles et beaucoup de voisins craignirent de nous parler. Certains de ceux que nous allions voir me dirent : “ Ne viens plus parce que j'ai peur. Nous ne devons plus avoir de contact avec les Juifs.” »

Lore Gang-Salheimer, âgée de onze ans en 1933 et résidant à Nuremberg, fut autorisée à rester dans son école parce que son père s'était battu à Verdun pendant la guerre. Néanmoins « des enfants non juifs commencèrent à me dire : “Je ne peux plus rentrer de l'école avec toi : on ne doit plus me voir avec toi.” »

« Chaque jour qui passait sous le régime nazi, écrivait Martha Appel, l'abîme entre nos voisins et nous s'élargissait. Des amis avec qui nous avions entretenu des relations chaleureuses ne nous connaissaient plus. Soudain nous découvrîmes que nous étions différents. »

« [Nous avons déjà] entrepris de vérifier
et de cataloguer systématiquement l'origine
raciale de personnes jouant un rôle
dans la vie culturelle allemande.
Comment les bibliothécaires ne mettraient-ils
pas à contribution leur savoir-faire
et leurs connaissances ?
Travaillant de concert avec les représentants
du Mouvement (nazi), les bibliothécaires
ont vérifié les notices biographiques
figurant dans les thèses des candidats
allemands au doctorat [...],
dans les dictionnaires et autres ouvrages
de référence.
Grâce à ces efforts, le travail préparatoire
nécessaire pour éliminer les auteurs,
directeurs de collection
et professeurs juifs était déjà à moitié
fait et exploitable dès 1933. »

EXTRAIT DU *JOURNAL DES BIBLIOTHÉCAIRES*, 1938

Passerelle enjambant une rue « aryenne » dans le ghetto de Lodz, en Pologne. Les Juifs des ghettos devaient être soigneusement isolés du monde environnant. Dans les grands ghettos comportant plus d'un quartier, on construisit parfois des passerelles comme celle-ci entre les sections juives coupées par des artères « aryennes ». La foule massée sur la passerelle donne une idée des conditions de vie dans le ghetto : une très forte concentration de personnes vivant dans un espace très restreint.

La formation des ghettos

Au Moyen Âge les Juifs vivaient couramment dans des quartiers réservés des bourgades et des cités européennes. À partir du XVIe siècle, ces quartiers prirent souvent le nom de « ghettos ». En Allemagne, on supprima les ghettos pendant les guerres napoléoniennes du début du XIXe siècle. Très vite après l'occupation de la Pologne en septembre 1939, les nazis annoncèrent que la plupart des Juifs polonais devaient partir de chez eux et aller vivre dans des quartiers spéciaux des villes qu'on leur désignerait. Les premiers ghettos se formèrent au début de 1940, et on en compta bientôt des centaines, plus ou moins grands, dans toute la Pologne et l'Europe de l'Est. La concentration d'un nombre important de Juifs dans un petit périmètre facilita considérablement les phases suivantes de la Shoah.

« Ce dimanche 13 octobre a laissé une impression particulière. Il est maintenant certain que 140 000 Juifs du sud de Varsovie [...] devront abandonner leur maison et aller vivre dans le ghetto.
Les Juifs ont été expulsés de tous les faubourgs, et 140 000 chrétiens devront quitter le quartier du ghetto. [...] Déménagement de meubles du matin au soir. Les gens assiégeaient en foule le Conseil juif, cherchant à savoir quelles rues allaient être comprises dans le ghetto. »

EMMANUEL RINGELBLUM,
HISTORIEN DE VARSOVIE, OCTOBRE 1940

« La journée s'annonce belle et ensoleillée.
Les Lituaniens barrent les rues.
Il y a de l'agitation dans les rues. [...]
Nous avons bientôt un premier aperçu
de l'installation dans le ghetto,
une image du Moyen Âge : une masse gris
foncé de gens harnachés de gros baluchons.
Nous comprenons que notre tour viendra
vite. Je regarde la maison sens dessus
dessous, les baluchons, les gens désorientés,
désespérés. Je vois des objets qui m'étaient
chers, dont j'avais l'habitude de me servir,
éparpillés partout. [...] La femme en plein
désarroi reste plantée au milieu
de ses baluchons et ne sait pas par quel bout
les prendre, elle pleure et se tord les mains.
Brusquement, autour de moi,
tout se met à pleurer. Tout pleure. »

EXTRAIT DU JOURNAL
DE YITZHAK RUDASHEVSKI,
13 ANS, VILNIUS, 6 SEPTEMBRE 1941

TRE VECKOR VID TYSKA FRONTER:

Judisk karavan.

ETT GHETTO SKAPAS.

Intryck från den stora judeomflyttningen i Kovno efter bolsjevikväldets fall och

SJÄLVHÄMNDENS OHYGGLIGHETER.

VI KÖRDE FRAM i ett moln av damm. I den djupa sanden på vägkanterna skramlade en oändlig rad av bondkärror, och vi mötte oupphörligt lastbilskolonner [illegible]

Det var inte långt från Kovno, Litauens huvudstad.

[illegible]

Alla skulle fram. Trafiken fick inte stoppa. Tiden var knapp.

Fyra dagar hade man på sig.

[illegible]

Un article du journal suédois pro-allemand Aftonbladet *du 14 août 1941. Fritz Lönnegren était un journaliste suédois autorisé à accompagner les forces allemandes dans leur progression. Son article décrit la formation du ghetto de Kaunas (Kovno) en Lituanie. Lönnegren dit comprendre les violences de rue contre les Juifs après l'entrée des Allemands dans la ville et se déclare favorable à la création d'un ghetto.*

Instructions du chef de la Police de sécurité Heydrich concernant la rafle des Juifs, 27 septembre 1939

Les Juifs devront être regroupés en ghettos dans les villes afin de pouvoir mieux les surveiller et les déplacer plus tard. Le plus urgent est que les petits commerçants juifs disparaissent des campagnes. Cette action devra être terminée d'ici trois ou quatre semaines.

Dans la mesure où les Juifs commercent dans les campagnes, il convient de déterminer avec la Wehrmacht combien de ces commerçants devront rester sur place pour assurer le ravitaillement des troupes. La directive générale suivante a été émise.

1. Regrouper les Juifs dans les villes dans les plus brefs délais.

2. Expulser les Juifs du Reich et les envoyer en Pologne.

3. Envoyer les Tsiganes restants aussi en Pologne.

4. Évacuer systématiquement les Juifs du territoire allemand par des trains de marchandises [...].

La vie dans le ghetto

Au début de 1942 on recensait des centaines de ghettos, grands et petits, un peu partout en Pologne où vivaient plus de 3 millions de Juifs et en Europe de l'Est. Dans beaucoup d'entre eux on déporta non seulement la population juive locale mais également des Juifs d'Allemagne et d'Autriche. On envoya parfois aussi les Tsiganes dans les ghettos de Pologne. Les autorités allemandes avaient décrété que les « règles » normales de la société ne s'appliqueraient pas dans les ghettos. Ceux-ci devinrent des pièges mortels.

L'extrême surpopulation des ghettos joua un rôle décisif. Celui de Varsovie compta plus de 400 000 habitants, soit une personne pour 7,5 m^2. De nombreuses familles vivaient à quinze ou plus dans la même pièce. L'hiver, il était si difficile d'obtenir de quoi se chauffer qu'on appelait le charbon ordinaire les « perles noires ». Il n'y avait presque rien à manger et la quête de nourriture représentait un combat quotidien pour les habitants du ghetto. Dans celui de Varsovie, les Allemands allouaient environ 200 calories par personne et par jour. Les denrées introduites en contrebande depuis le « côté aryen » étaient donc essentielles pour survivre. Mais les gardes allemands abattaient sur-le-champ tous ceux qu'ils surprenaient à cacher de la nourriture, souvent de jeunes garçons. Ces conditions de vie entraînèrent inévitablement des maladies et de graves épidémies, en particulier de typhus.

Le nombre de morts « naturelles » augmenta de façon

Après l'occupation de la Pologne par l'Allemagne en septembre 1939, les Juifs reçurent l'ordre de porter l'étoile de David en public pour qu'on les reconnaisse. Les étoiles différaient suivant les endroits ; à Varsovie, ce signe d'identification était une étoile bleue sur un tissu blanc porté en brassard. Cette vieille femme du ghetto de Varsovie tente de subsister en vendant des brassards amidonnés. La photo fut prise le 19 septembre 1941 par un sergent de l'armée allemande, Heinrich Jöst, qui visitait le ghetto.

spectaculaire. En 1941, un habitant du ghetto de Varsovie sur dix mourut de faim ou de maladie. Il était impossible de se soigner car les médecins et infirmières juifs manquaient de médicaments, de vivres et d'installations. Un médecin écrivait : « Les gens actifs, curieux, se changent en somnambules apathiques. Ils restent couchés et ont à peine la force de se lever pour manger ou aller aux toilettes. [...] Ils meurent du seul fait de chercher de la nourriture. Parfois ils meurent même un morceau de pain à la main. » On ne disposait d'aucune ressource pour aider les milliers d'orphelins squelettiques qui erraient

Le « seigneur et maître » dans le ghetto

La vie quotidienne offrait peu de plaisirs, mais on avait parfois l'occasion de rire. Le 15 mai 1940, Chaim Kaplan nota dans son Journal : « Un jour est arrivé au ghetto un nazi originaire d'une province où on demande aux Juifs de saluer tous les soldats nazis qu'ils croisent, tout en ôtant leur chapeau. Ce n'est pas le cas à Varsovie, mais l' " invité d'honneur " voulut faire preuve d'autorité et nous imposer les règles de chez lui. Une énorme rumeur s'éleva soudain dans la rue Karmelicka : un nazi complètement fou exige que tous les passants se décoiffent à son passage en signe de respect.

« Beaucoup s'enfuirent, beaucoup se cachèrent, beaucoup furent battus pour ne pas avoir obtempéré, et beaucoup furent pris de fou rire. Les " gamins ", les vrais maîtres de la rue, remarquèrent ce qui se passait et prirent un malin plaisir à obéir au nazi et à multiplier les manifestations de respect pour ridiculiser le " grand seigneur " aux yeux de tous les passants. Ils coururent le saluer à n'en plus finir, se décoiffant pour l'honorer. Ils se pressaient autour de lui, le visage faussement respectueux, et ils n'arrêtaient pas d'ôter leur casquette. Certains étaient sérieux comme tout, tandis que derrière eux leurs amis se tenaient les côtes. Puis le groupe se dispersait et un autre approchait, s'inclinant tête nue devant le nazi. On n'en finissait pas de rire. »

Garçons juifs assis sur le trottoir dans le ghetto de Varsovie.

dans les rues. Des cadavres recouverts d'un journal gisaient sur les trottoirs, attendant d'être ramassés et emmenés à la fosse commune.

Or, malgré tout, les Juifs essayèrent de mener une vie « normale ». Bien qu'illégale, la scolarisation restait largement pratiquée. À Lodz, 63 écoles s'efforçaient d'instruire 22 330 élèves. Des jeunes comme David Sierakowiak, de Lodz, tentaient coûte que coûte d'apprendre. Ce dernier écrivait dans son Journal le 25 mars 1942 : « Je me sens très mal. Je lis, mais je ne peux pas étudier, alors j'apprends du vocabulaire anglais. Je lis notamment Schopenhauer. La philosophie et la faim. Drôle de mélange ! »

Bien que les Allemands aient incendié des centaines de synagogues après avoir occupé la Pologne, de nombreux Juifs continuèrent à pratiquer leur religion. Ces activités étaient souvent interdites. Si la Gestapo ou les SS découvraient un office en cours, les Juifs surpris à prier faisaient l'objet de toutes sortes d'humiliations. Quand ils ne les abattaient pas, les Allemands leur coupaient la barbe ou les obligeaient même à uriner sur les livres de prières et les rouleaux de la Torah. Les Allemands s'en prirent tout particulièrement aux bibliothèques juives, privées ou publiques. Ils confisquèrent ou détruisirent les archives historiques des Juifs d'Europe de l'Est, vieilles de plusieurs siècles.

Lorsqu'on commença à déporter la population des ghettos en 1942, les livres et les manuscrits laissés par les Juifs servirent souvent de combustible pour le chauffage. D'autres activités culturelles, comme la musique, l'art et le théâtre, se poursuivirent aussi dans les ghettos, ce qui pouvait permettre aux Juifs de garder le moral. À Lodz, par exemple, il y avait un théâtre de marionnettes pour les enfants, tandis qu'à Varsovie une chorale de jeunes subsista quelque temps. Des concerts et des spectacles se déroulèrent dans les ghettos jusqu'à la déportation des musiciens et des acteurs dans les camps de la mort. Les historiens considèrent ces activités culturelles comme une forme de résistance.

Il y avait des gens dans les ghettos qui comprirent qu'il était vital pour l'avenir de consigner tout ce qui se passait. Les uns tinrent des Journaux personnels, d'autres organisèrent des groupes qui recueillirent systématiquement des témoignages et des documents sur la vie dans les ghettos et sur les atrocités commises par la police allemande et par des particuliers. Parmi eux figurent l'historien Emmanuel Ringelblum et le professeur Chaim Kaplan à Varsovie, et l'avocat Avraham Tory à Kovno (Kaunas).

« On dit que le rabbi de Wengrow a été tué le jour de Yom Kippour. On lui avait ordonné de balayer la rue. Ensuite, on lui ordonna de mettre les balayures dans son chapeau ; lorsqu'il s'est penché pour le faire, Ils lui donnèrent trois coups de baïonnette. Il continua à travailler et mourut en travaillant. »

EXTRAIT DES NOTES D'EMMANUEL RINGELBLUM PRISES DANS LE GHETTO DE VARSOVIE, 26 AVRIL 1941

Très vite les Allemands utilisèrent les habitants du ghetto comme main-d'œuvre esclave peu coûteuse, et plusieurs ghettos jouèrent un rôle indispensable en fournissant des produits et des services à l'armée allemande. Par exemple, les ghettos de Varsovie, Lodz, Bialystok et Sosnowiec se consacrèrent presque exclusivement à la production de guerre. Des Allemands exploitaient souvent la main-d'œuvre juive pour leurs besoins personnels et pour leurs divertissements. Beaucoup de Juifs croyaient que ce travail représentait leur seule chance de survie. Mais tôt ou tard le désir des nazis d'anéantir les Juifs l'emportait toujours sur les avantages qu'ils tiraient de leur travail.

Les choix impossibles

Une mesure déterminante de la politique allemande à l'égard des ghettos consista à confier aux Juifs l'administration interne de leur communauté. Des *Judenräte*, ou conseils juifs, furent créés dans tous les ghettos, et c'est eux qui devaient transmettre les ordres à la population du ghetto. Les dirigeants juifs étaient contraints de se conformer aux instructions allemandes sous peine de mort. Les conseils juifs durent dresser des listes de noms pour le travail obligatoire et la déportation. La « police » juive reçut l'ordre de procéder aux rafles des Juifs condamnés à la déportation et de les embarquer dans les camions et les trains. La résistance ou la fuite fut une préoccupation constante dans les ghettos, mais les sanctions collectives cruelles imposées par les Allemands rendaient ce choix très difficile. Si quelques jeunes s'échappaient d'un ghetto, par exemple, les Allemands risquaient d'en abattre des centaines d'autres en représailles. Dans certains ghettos néanmoins les dirigeants des conseils coopérèrent avec la résistance, alors qu'ailleurs ils firent tout pour décourager ces tentatives. On a un exemple de cet « impossible choix » dans l'allocution que Jacob Gens, chef du conseil du ghetto de Vilnius, adressa à quelques personnalités importantes du ghetto le 15 mai 1943. Il expliqua que la Gestapo

« Bendzin, 1942. Le capitaine SS Franz Polter, de Breslau, rassemble autour de lui les enfants des Juifs et hurle : "Vous avez voulu la guerre !" Nous le regardons sans comprendre. Un enfant de six ans ose faire un pas en avant. "Non, oncle SS. Nous ne voulons pas la guerre. Nous voulons un bout de pain." »

ELLA LIEBERMANN-SHIBER

avait arrêté un Juif qui avait acheté un revolver et lança cet avertissement : « Je ne sais pas encore comment l'affaire va se terminer. La dernière fois, le ghetto s'en est bien tiré. Mais je peux vous garantir que si cela se reproduit, nous serons gravement punis. Peut-être emmènera-t-on les gens de plus de soixante ans, ou les enfants... Alors posez-vous la question : est-ce que cela en vaut la peine ? Pour qui raisonne avec bon sens et en connaissance de cause, il ne peut y avoir qu'une réponse : cela n'en vaut pas la peine !!! »

En définitive les décisions des dirigeants ne changèrent rien au sort de la majorité des habitants des ghettos. Qu'ils choisissent de satisfaire les exigences allemandes ou de résister, le résultat fut le même : la supériorité globale des Allemands, l'isolement et la vulnérabilité absolus des Juifs condamnaient à mort presque tous les détenus des ghettos.

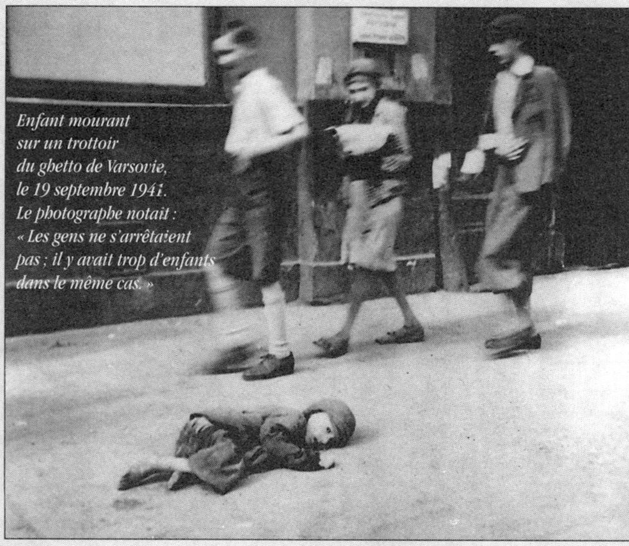

Enfant mourant sur un trottoir du ghetto de Varsovie, le 19 septembre 1941. Le photographe notait : « Les gens ne s'arrêtaient pas ; il y avait trop d'enfants dans le même cas. »

La mort dans la rue

La mort était omniprésente dans le ghetto. Adina Blady Szwajger était infirmière à l'hôpital du ghetto de Varsovie. Elle décrivit la vie ordinaire du ghetto à l'été 1941.

« Au bout de trois semaines je suis retournée à l'hôpital. [...] Dans le service des cas de typhoïde les enfants n'étaient pas tous mourants. Mais on manquait de lits et on les mettait à deux et parfois à trois dans le même lit, avec de petits morceaux de sparadrap numérotés sur le front. Ils avaient de la fièvre et ne cessaient de demander à boire. Non, ils ne moururent pas de typhus. Nous les renvoyions chez eux mais nous étions épuisés parce que tous les jours nous admettions une dizaine de nouveaux enfants et il fallait en renvoyer le même nombre ou les transférer de la section des "cas possibles" à celle des "cas confirmés" et de toute façon les dossiers du service étaient sous contrôle allemand. Nous les renvoyions pour qu'ils meurent de faim chez eux ou reviennent, gonflés d'œdème, pour mourir en paix. C'était tous les jours ainsi. »

*« Ils sont partis de Pithiviers
et ont roulé pendant des jours
et des nuits dans des wagons
de marchandises plombés.
À 90 par wagon avec des femmes
qui avaient 2, 3 ou 4 de leurs
enfants avec elles. Ils ont tous
de quinze mois à treize ans et
sont d'une saleté indescriptible.
Ceux qui ont trois ou quatre ans
sont couverts d'impétigo,
de furoncles qui suppurent.
Il y aurait tant à faire pour eux.
Mais nous n'avons rien, malgré
le dévouement incomparable
de notre directeur de camp,
le commandant Kohn.
Nous avons aussitôt monté les
douches. Nous disposons de
4 serviettes, et cela pour
1 000 enfants. »*

ODETTE DALTROFF-BATICIE, PRISONNIÈRE À DRANCY, AOÛT 1942, À PROPOS D'ENFANTS JUIFS ARRIVÉS À DRANCY DEPUIS D'AUTRES CAMPS DE REGROUPEMENT

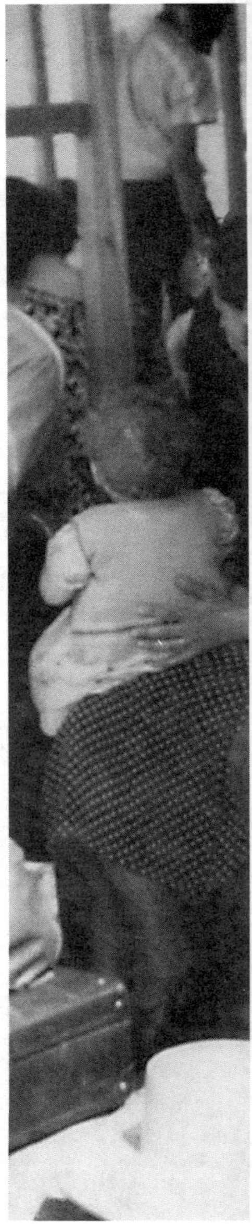

Dimanche au camp de Beaune-la-Rolande, au sud de Paris, à une période où on autorisait encore les visites des membres de la famille. Les hommes photographiés ici furent déportés dans les camps d'extermination de Pologne en juin 1942. Les femmes et les enfants suivirent en juillet et en août. Loin d'être obligé par les Allemands d'instituer une législation antijuive, le gouvernement français de Vichy s'empressa de prendre des décrets visant les Juifs après la défaite de juin 1940. Lorsque les arrestations massives de Juifs débutèrent à Paris et dans d'autres villes en juillet 1942, avant les déportations à l'Est, la police française fournit le personnel nécessaire. Sur les 80 000 Juifs environ déportés de France (dont très peu survécurent), 10 % avaient plus de soixante ans et 10 % moins de six ans. C'est seulement après que la plupart des Juifs d'« ascendance étrangère » eurent été déportés que les autorités françaises cessèrent de collaborer et qu'il devint beaucoup plus difficile pour les Allemands de découvrir et d'arrêter des Juifs français ou d'origine étrangère.

La Shoah en Europe

DANS CHAQUE pays sous influence allemande pendant la Seconde Guerre mondiale, la Shoah prit des tours différents. Cependant les étapes fondamentales du processus – définition, concentration, expropriation, déportation et extermination – furent identiques et inexorables.

La Hongrie resta l'alliée de l'Allemagne pendant toute la guerre, mais avant 1944 sa population juive, très importante (quelque 800 000 personnes au total), bénéficia d'une relative sécurité. Même s'ils édictèrent des lois antijuives, les dirigeants hongrois résistèrent aux pressions des Allemands qui les incitaient à déporter les Juifs dans les camps de la mort. Tout changea le 19 mars 1944, lorsque l'armée allemande occupa la Hongrie. À partir de la mi-mai, en quarante-deux jours, plus de 437 000 Juifs hongrois étaient déportés à Auschwitz-Birkenau. Pendant que le monde entier observait sans bouger, on assassina jusqu'à 12 000 personnes par jour dans les chambres à gaz de Birkenau.

Ce n'est qu'au début de juillet que l'amiral Miklos Horthy, chef de l'État hongrois, ordonna l'arrêt des déportations. Comme l'Allemagne avait besoin de l'assistance hongroise pour ses actions contre les Juifs, et que le gouvernement hongrois ne voulait plus collaborer avec les nazis, 200 000 Juifs de Budapest échappèrent à la déportation. Ils reçurent l'aide de diplomates de pays neutres tels que la Suède, la Suisse, le Vatican et l'Espagne. À la fin de 1944, quelque 30 000 Juifs périrent dans les « marches de la mort » vers la frontière autrichienne ou victimes des violences de rue des Croix fléchées (les nazis hongrois).

L'Italie était le plus proche allié de l'Allemagne. Elle promulgua une législation antijuive, mais de nombreux responsables italiens s'efforcèrent de la contourner et d'en empêcher l'application. C'est seulement après la chute du gouvernement de Benito Mussolini, en juillet 1943, que les troupes allemandes, avec le concours des fascistes italiens, raflèrent plus de 8 000 Juifs parmi les 35 000 vivant dans le pays. La plupart furent envoyés à Birkenau – peu en revinrent.

Occupée par l'Allemagne en avril 1941, la Yougoslavie fut divisée en plusieurs parties. Le pays comptait 80 000 Juifs, dont 16 000 Juifs serbes vivant principalement à Belgrade. Les Allemands obligèrent des milliers d'entre eux à travailler comme esclaves et dépouillèrent la communauté juive de ses biens. Il y eut des arrestations massives en août de cette même année et la plupart des Juifs serbes furent exécutés sommairement. Au printemps 1942 on utilisa un camion de gazage dans le camp de concentration de Semlin, en territoire croate près de Belgrade. À l'été, seuls quelques centaines de Juifs serbes vivaient encore.

Le gouvernement fasciste de la Croatie, les Oustachi, s'aligna étroitement sur les nazis. Il imposa aux Juifs le port de l'étoile et confisqua leurs biens. Dans tout le pays le régime procéda au massacre systématique de milliers de Serbes, de Juifs et de Tsiganes. Dans le camp de concentration de Jasenovac, au sud de Zagreb, on assassina non seulement des dizaines de milliers de Serbes et de Tsiganes, mais aussi

20 000 des 30 000 Juifs recensés dans le pays. Dès la fin d'octobre 1941 la plupart des Juifs croates avaient péri. Parmi les survivants, 7 000 furent acheminés plus tard à Auschwitz pour y être tués. Au total, 60 000 Juifs yougoslaves furent assassinés pendant la guerre.

La Grèce fut occupée à la fois par les Allemands et les Italiens. Comme en Italie, les Juifs de la zone d'occupation italienne jouirent d'une relative sécurité jusqu'en 1944. Dans la zone allemande, l'antique communauté sépharade de Salonique fut gravement touchée. De mars à août 1943, on achemina 44 000 Juifs à Auschwitz-Birkenau, où la plupart furent gazés à l'arrivée. Seuls 1 000 Juifs regagnèrent la ville après la guerre.

La Bulgarie, alliée de l'Allemagne, édicta de nombreuses lois antisémites mais refusa de se plier aux exigences allemandes et de déporter sa population juive qui comptait plus de 50 000 personnes. La plupart d'entre elles survécurent à la guerre parce que les hauts responsables décidèrent d'empêcher leur déportation. Cependant les Allemands et les Bulgares déportèrent les Juifs des régions annexées à la Bulgarie, en particulier de Thrace et de Macédoine. Plus de 11 000 Juifs furent déportés des territoires sous contrôle bulgare, en majorité vers le camp de la mort de Treblinka.

En Roumanie, pays qui aida l'Allemagne à envahir l'Union soviétique, on dénombrait plus de 750 000 Juifs quand la guerre éclata. Des unités roumaines et allemandes en affamèrent et abattirent environ 160 000 en Bessarabie et en Boucovine, 150 000 autres furent déportés en Transnistrie où la plupart furent tués ainsi que les Juifs de la région. Toutefois, dans les zones du centre de la Roumanie, 300 000 Juifs réchappèrent de la guerre. Comme ailleurs, les Allemands ne purent déporter les Juifs sans l'aide des autorités locales. Malgré la féroce politique antijuive du maréchal Ion Antonescu, les Roumains, pour des raisons politiques, ne déportèrent pas leurs ressortissants juifs encore présents.

L'Allemagne occupa le Danemark et la Norvège le 9 avril 1940. En Norvège, la discrimination contre la communauté juive du pays s'exerça aussitôt. À la conférence de Wannsee du 20 janvier 1942, réunie afin de coordonner et d'accélérer les mesures prises à l'échelle de l'Europe pour la mise en œuvre de la « solution finale à la question juive », on ajouta les 2 000 Juifs de Norvège à la liste de ceux qui devaient être déportés et tués. Ce même mois on prit des mesures pour identifier les Juifs norvégiens, mais les arrestations ne commencèrent qu'à l'automne. En octobre, on arrêta plusieurs centaines de Juifs de sexe masculin âgés de plus de seize ans à Trondheim, Bergen et Oslo. On les envoya dans des camps et on confisqua leurs biens. Les femmes et les enfants furent arrêtés le 26 novembre. Toutefois un millier de Juifs norvégiens trouvèrent asile en Suède, pays voisin.

Au Danemark, le gouvernement refusa d'exercer une discrimination contre les 7 500 Juifs du pays. Les Allemands ne touchèrent pas aux Juifs pendant plus de trois ans. Mais en août 1943 Hitler décréta que leur heure était venue. Toutefois la nouvelle des arrestations imminentes s'ébruita. La grande majorité des Juifs danois purent ainsi traverser le Sound et se réfugier en Suède avec l'aide des pêcheurs danois et suédois. Les autorités danoises ne cessèrent jamais de s'intéresser au sort de leurs 400 ressortissants juifs déportés à Theresienstadt (Tchécoslovaquie) et qui, pour la plupart, survécurent à la guerre et rentrèrent chez eux.

La petite communauté juive de Finlande, d'environ 2 000 personnes, survécut au conflit, bien que le gouvernement ait aidé l'effort de guerre allemand contre l'Union soviétique. Hormis quelques cas individuels, les dirigeants finlandais refusèrent de déporter les Juifs de leur pays.

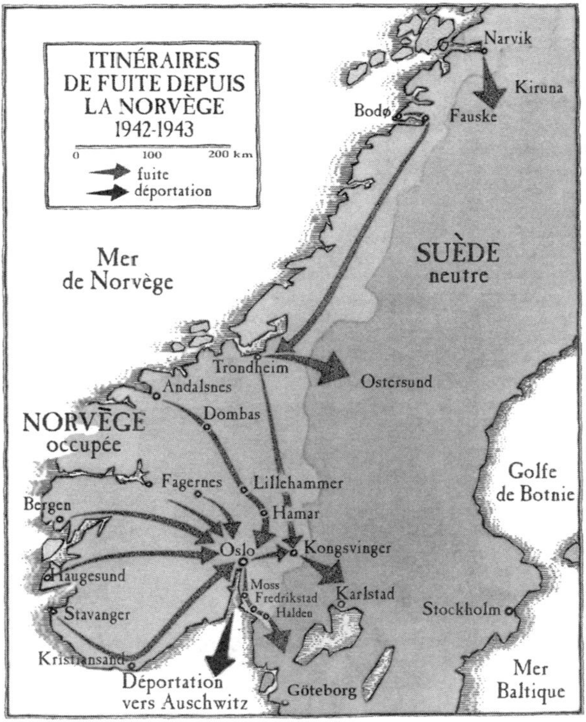

Chronologie

1940 JANVIER

Premiers essais de gazage de malades mentaux – juifs et autres – dans les asiles allemands.

AVRIL-JUIN

L'Allemagne occupe le Danemark, la Norvège, la Belgique, la Hollande et la France. Déportation de Juifs et de 2 500 Tsiganes d'Allemagne en Pologne.

AVRIL

Le ghetto de Lodz est coupé du monde extérieur. Himmler ordonne l'installation d'un camp de concentration à Auschwitz.

3 OCTOBRE

La France de Vichy adopte des dispositions spéciales contre les Juifs.

OCTOBRE

Création du ghetto de Varsovie. À la mi-novembre, le ghetto est coupé du monde extérieur.

1941 JANVIER

Enregistrement des Juifs hollandais.

1er MARS

Himmler inspecte Auschwitz, ordonne la construction d'un autre camp à Birkenau (Auschwitz II) et autorise la société de produits chimiques I. G. Farben à utiliser les prisonniers pour construire une usine près d'Auschwitz.

22 MARS

Interdiction pour les enfants tsiganes et de couleur de fréquenter les écoles allemandes.

30 MARS

Hitler dit à ses généraux que la guerre imminente contre la Russie sera « une guerre d'extermination ».

22 JUIN

L'Allemagne attaque l'Union soviétique. Début des massacres en masse perpétrés par des unités spéciales dans des zones situées à l'est de la Pologne. Le même jour, Robert Ley, un des dirigeants nazis,

1941 déclare dans un discours à Breslau : « Le Juif reste notre ennemi implacable, qui s'est employé à détruire notre peuple afin de régner. C'est pourquoi nous devons nous battre jusqu'à ce qu'il soit anéanti, et nous l'anéantirons ! Nous voulons être libres, non seulement à l'intérieur, mais à l'extérieur aussi ! »

31 JUILLET
Le maréchal du Reich Hermann Göring signe une directive donnant tous pouvoirs aux SS pour mettre au point une « solution totale à la question juive ».

1er SEPTEMBRE
Les Juifs allemands de plus de six ans sont astreints au port de l'étoile de David.

18 SEPTEMBRE
Les Juifs doivent demander une autorisation pour utiliser les transports publics.

29-30 SEPTEMBRE
Une unité spéciale assassine plus de 33 000 Juifs de Kiev au ravin de Babi Yar.

15 OCTOBRE
Interdiction pour les Juifs d'émigrer d'Allemagne.

NOVEMBRE
Première déportation de Juifs à Theresienstadt, un ghetto-camp de concentration créé pour offrir une image de « société modèle juive » présentable aux inspections de la Croix-Rouge.

7 DÉCEMBRE
Les Japonais attaquent Pearl Harbor. Entrée en guerre des États-Unis.

8 DÉCEMBRE
Premier gazage de Juifs dans un camp d'extermination, à Chelmno, dans l'ex-Pologne.

11 DÉCEMBRE
L'Allemagne déclare la guerre aux États-Unis.

12 DÉCEMBRE
Interdiction pour les Juifs allemands d'utiliser les téléphones publics.

Chronologie

1942 20 JANVIER

Le chef SS de la police de sécurité Reinhard Heydrich préside la conférence de Wannsee (une banlieue berlinoise). Des nazis de haut rang et des hauts responsables du gouvernement sont réunis pour coordonner la « solution finale ».
La déportation des Juifs et des Tsiganes du ghetto de Lodz à Chelmno se poursuit.

15 FÉVRIER

Les premiers convois de Juifs sont gazés au zyklon B à Auschwitz.
Interdiction pour les Juifs allemands d'avoir des animaux domestiques.

17 MARS

Premiers gazages en masse au camp d'extermination de Belzec, au sud-est de Lublin.

20 MARS

Des chambres à gaz aménagées dans deux fermes reconverties pour cet usage fonctionnent à Auschwitz-Birkenau.
Des Juifs polonais de Haute-Silésie en sont les premières victimes.

AVRIL-MAI

Ouverture du camp d'extermination de Sobibor.

4 MAI

Première « sélection » parmi les prisonniers détenus à Auschwitz-Birkenau depuis plusieurs mois. Toute personne jugée « inapte au travail » est envoyée à la chambre à gaz.

12 MAI

Interdiction pour les Juifs allemands d'aller chez des coiffeurs « aryens ».

MAI-JUIN

Les Juifs d'Europe de l'Ouest sont astreints au port de l'étoile de David.

12 JUIN

Les Juifs allemands doivent remettre leurs radios, jumelles, bicyclettes et machines à écrire.

1er JUILLET

Interdiction pour les enfants juifs d'Allemagne de recevoir une instruction à domicile ou de continuer à fréquenter les écoles juives.

Chronologie

1942 4 JUILLET

À Auschwitz, première « sélection » par des médecins nazis sur la « rampe » d'arrivée. Les « inaptes au travail » sont envoyés aux chambres à gaz. Le convoi transporte des Juifs de Slovaquie.

7 JUILLET

Heinrich Himmler évoque la stérilisation des femmes juives avec, entre autres, le professeur Carl Clauberg. Himmler met Auschwitz à la disposition de Clauberg pour des expériences sur les détenus.

10 JUILLET

Clauberg apprend que Himmler lui demande d'aller à Ravensbrück stériliser les femmes juives. Himmler veut savoir, en particulier, combien de temps il faut pour en stériliser 1 000.

15-16 JUILLET

Départ des premiers convois de Juifs hollandais pour Auschwitz.

16-18 JUILLET

La police française arrête 13 000 Juifs « apatrides » à Paris ; 9 000 d'entre eux (dont 4 000 enfants) seront transportés à Auschwitz.

19 JUILLET

Himmler ordonne que l'extermination des Juifs de Pologne soit terminée avant la fin de l'année.

30 JUILLET

Les congrégations juives d'Allemagne doivent remettre les objets de culte en métaux précieux.

22 JUILLET-12 SEPTEMBRE

Déportations massives des Juifs du ghetto de Varsovie au camp d'extermination de Treblinka.

9 OCTOBRE

Interdiction pour les Juifs allemands de se fournir dans des librairies « aryennes ».

26 NOVEMBRE

Déportation des Juifs norvégiens à Auschwitz.

17 DÉCEMBRE

Les Alliés déclarent que les assassins des Juifs seront punis après la guerre.

Suite de la chronologie p.100.

Instructions données à la police locale de Sarre et d'Alsace

1. Seuls les Juifs issus de parents juifs seront déportés. Les *Mischlinge*, les conjoints de mariages mixtes et les Juifs étrangers, dans la mesure où ils ne sont pas ressortissants d'États ennemis ni des territoires que nous occupons, ne sont pas visés par l'action. On arrêtera les Juifs apatrides pour le principe. Tous les Juifs sont jugés bons pour le transport ; les seuls Juifs non visés sont les grabataires.

2. Les Juifs seront concentrés aux points de regroupement mis en place à cet effet à Ludwigshafen, Kaiserslautern et Landau. Ceux qu'on aura arrêtés y seront conduits en car. On nommera un chef de transport par car. Les policiers en tenue ou inspecteurs de police nécessaires seront mis à sa disposition.

3. Au point de regroupement, chaque chef de transport recevra une liste lui indiquant le car et les policiers mis à sa disposition et les noms et adresses des personnes à arrêter.[...]

4. [...]

5. Après notification des renseignements personnels sur les Juifs, les responsables se rendront au domicile des intéressés. Ils les informeront qu'ils sont arrêtés pour être déportés et ajouteront qu'ils doivent être prêts à partir dans moins de deux heures. Toutes les demandes devront être adressées au responsable du point de regroupement qui apportera des précisions ; aucun ajournement des préparatifs n'est autorisé.

6. Les individus arrêtés doivent emporter si possible ce qui suit :

a) une seule valise ou sac contenant des ustensiles divers : par Juif, les adultes ont droit à 50 kg au maximum, les enfants à 30 kg ;

b) un lot complet de vêtements ;

c) une couverture en laine par Juif ;
d) des provisions pour plusieurs jours ;
e) de la vaisselle et des couverts ;
f) 100 RM au maximum par personne ;
g) les passeports, cartes d'identité ou autres papiers d'identification ne devront pas être rangés dans les bagages mais portés sur soi.

7. Avant de quitter leur habitation, ils devront s'acquitter de ce qui suit :
a) remettre les animaux de ferme et autres animaux vivants (chiens, chats, oiseaux en cage) au président du conseil de paroisse, chef du parti local, dirigeant paysan local ou autre personne compétente en échange d'un reçu ;
b) mettre les denrées périssables à la disposition du NSV ;
c) éteindre les feux allumés à l'extérieur ;
d) couper l'eau et le gaz ;
e) dévisser les fusibles ;
f) attacher ensemble les clés de l'habitation et y adjoindre une étiquette avec le nom du propriétaire, la ville ou le village, la rue et le numéro de la maison ;
g) il conviendra de fouiller autant que possible les personnes arrêtées pour vérifier l'absence d'armes, munitions, explosifs, poison, devises, bijoux, etc., avant le départ. [...]

[...]

13. Il est essentiel de traiter correctement les Juifs au moment de leur arrestation. Les violences de rue doivent être évitées à tout prix.

*Femmes et enfants attendant à l'*Umschlagplatz *de Varsovie d'être déportés à Treblinka, janvier 1943.*

La déportation

Les tueries massives de la Shoah n'auraient pu se faire sans la déportation de millions de Juifs d'Europe. Pour diverses raisons les Allemands jugèrent que les Juifs arrêtés ne pouvaient pas être tués dans les pays occupés, mais qu'il fallait les déporter, principalement dans les camps de la mort construits dans ce but en Pologne. Hitler et les hauts responsables nazis savaient surtout que les assassinats devaient être perpétrés en secret. Les nazis craignaient qu'en Europe de l'Ouest, en Europe centrale et du Sud l'élimination des Juifs ne nuise à la coopération entre la population civile et les autorités. En revanche, dans certaines parties de la Pologne, de l'Union soviétique et des États baltes, on tua les Juifs ouvertement et en masse près de chez eux. Mais les Allemands s'aperçurent vite qu'il était plus pratique d'acheminer une grande partie de ces Juifs dans les camps que de les tuer par balle sur place. L'importance du réseau ferroviaire européen permit d'organiser des convois en provenance de toute l'Europe à destination de la Pologne, où des millions de Juifs disparurent sans laisser de traces. Si la majorité des Juifs, plus de 1 million, déportés à Auschwitz-Birkenau n'avaient pas été gazés à l'arrivée, ce petit périmètre serait devenu une des villes les plus peuplées d'Europe.

En octobre 1940, on déporta 7 500 Juifs de Baden et de la Sarre, en Allemagne (*cf.* p. 76), dans des camps de concentration du sud de la France, d'où on les envoya plus tard en Pologne. Le plus âgé était un

La déportation « dans l'Est », le 25 avril 1942, de 995 habitants juifs de la ville allemande de Würzburg, sous la surveillance de la police et de l'armée. On les a obligés à quitter leur foyer et leurs biens en ne les autorisant à emporter que « l'essentiel ». À la gare de Würzburg, ils devront déjà abandonner une partie de leurs bagages. Ces Juifs seront transportés d'abord aux camps de transit de Trawniki et d'Izbica, dans le sud-est de la Pologne, puis au camp d'extermination de Belzec non loin de là.

habitant de Karlsruhe, de quatre-vingt-dix-sept ans. Les déportés avaient de quinze minutes à deux heures pour partir de chez eux. D'après un rapport de police, certains Juifs « profitaient de ce délai pour échapper à la déportation en se suicidant ».

L'*Umschlagplatz*

Le mot *Umschlagplatz* (place des Échanges) désignait l'endroit – dans certains ghettos, souvent une place de la ville ou un autre espace à ciel ouvert – d'où les Juifs partaient vers la mort. Dans les grands ghettos, il se situait souvent à proximité des voies ferrées. Dans les ghettos plus petits, il servait aussi d'aire de triage, où les Allemands décidaient qui devait partir pour être tué et qui était encore « utilisable » pour le travail. À Varsovie on construisit une voie spéciale raccordant l'*Umschlagplatz* à la voie ferrée principale afin de faciliter les déportations.

Les déportations massives de Varsovie à Treblinka commencèrent le 23 juillet 1942. À partir de cette date, tous les jours et pendant des semaines, on rafla des milliers de Juifs dans le ghetto. Le « quota » quotidien s'élevait à 6 000-7 000. Des blocs d'immeubles et des rues entières furent vidés de leurs habitants d'un coup, et beaucoup de personnes se trouvèrent prises par hasard dans les rafles. Les soldats SS, souvent avec l'aide de troupes auxiliaires de Lettonie, de Lituanie et d'Ukraine, conduisaient les arrestations, obligeant aussi la « police » juive à les aider. On attirait beaucoup de Juifs à l'*Umschlagplatz* en leur promettant une miche de pain.

Le 5 ou le 6 août, Janus Korczak, médecin et éducateur respecté, fut déporté à Treblinka avec les 200 orphelins de son foyer d'enfants. Refusant de sauver sa propre vie comme on le lui poposait en « passant » du côté « aryen » de Varsovie, Korczak fut aperçu pour la dernière fois alors qu'il conduisait les enfants à l'*Umschlagplatz* . Tenant un enfant dans ses bras et un autre par la main, il traversa tout le ghetto à la tête de sa colonne d'orphelins pour rejoindre les trains de la mort. À la mi-septembre 1942, plus de 260 000 hommes, femmes et enfants partirent de l'*Umschlagplatz* pour Treblinka et d'autres camps. Les derniers convois furent formés au moment des insurrections du ghetto de Varsovie de janvier et d'avril-mai 1943. Après l'écrasement de la seconde insurrection, il ne restait plus de Juifs à Varsovie.

L'antichambre de la mort

Les gens étaient souvent forcés d'attendre pendant des jours à ces points de regroupement en plein air, dans la chaleur ou le froid, que des wagons de marchandises soient disponibles. De nombreux souvenirs et témoignages évoquent les conditions affreuses de cette antichambre de la mort. Halina Birenbaum survécut à la Shoah et à l'*Umschlagplatz* de Varsovie. Elle raconte ce qu'elle a vu.

« On nous conduisit à l'*Umschlag*. À cet *Umschlag* cent fois maudit, trempé de sang et de larmes, rempli des sifflets de locomotives, de trains qui emportaient des centaines de milliers de Juifs vers leur ultime destination.

« Une foule affolée et en plein désarroi s'entassait sur la grande place, près d'un bâtiment qui avait été une école avant la guerre. C'étaient pour la plupart des ouvriers des usines et des ateliers du district aryen, détenteurs d'*Ausweis*, qui, très peu de temps auparavant, possédaient encore "le droit de vivre".

« Alors qu'ils rentraient du travail ce jour-là, reconduits comme à l'accoutumée par des SS jusqu'à leurs maisons d'où l'on avait arraché les êtres qui leur étaient le plus proches et le plus chers après leur avoir pris tous leurs biens, ils étaient tombés dans une embuscade.

« Un haut mur et une barrière vivante de policiers (pas si nombreux à être des nazis), armés jusqu'aux dents, nous isolaient à présent du ghetto et de ses cachettes. Mon frère aîné s'y trouvait encore, avec ma tante et sa fille, car ils avaient décidé de ne pas descendre avec nous dans la rue.

« Nous avons attendu le cœur battant ce qui allait suivre, cherchant du regard une issue. Mon père nous serrait contre lui, embrassant ma mère, mon frère, moi. Il nous tenait fermement par la main, ne nous laissant pas nous écarter même d'un pas, surtout ma mère, qui ne cessait de bouger, essayant de nous arracher à la cohue et de nous faire entrer furtivement dans le bâtiment de l'école qui abritait une infirmerie et un poste de la police juive. Elle voulait nous y cacher, nous empêcher d'être chargés dans les wagons.

« Mon père était trop bouleversé et terrifié pour songer même à fuir ; il n'arrêtait pas de montrer son laissez-passer aux nazis, car il crut jusqu'au dernier moment que ce papier nous sauverait tous. Il avait peur. Il pensait que si nous désobéissions aux nazis, nous ne pourrions que précipiter notre perte.

La photo montre une partie de l'*Umschlagplatz* de Varsovie. Les hommes, à gauche sur la photo, et les femmes et les enfants, à droite, séparés par des soldats allemands et des auxiliaires, attendent d'être déportés à Treblinka. Le bâtiment sur la gauche servait d'infirmerie et de salle d'attente pour ceux qu'on envoyait au camp d'extermination. Le bâtiment de droite abritait le quartier général de la Gestapo à l'*Umschlagplatz*. Les deux bâtiments sont encore debout aujourd'hui.

« Ma mère n'était pas comme lui. C'est pourquoi je m'accrochais toujours à elle, profondément convaincue qu'elle trouverait le moyen de nous sortir de la pire situation... En présence de mon père j'éprouvais des sentiments très différents.

« Et là, à l'*Umschlag*, la même chose arriva.

« On n'avait jamais encore fait arriver de wagons de marchandises à cette heure de la journée. Nous avons donc cru qu'il nous faudrait attendre toute la nuit à l'*Umschlag*, jusqu'à ce qu'un train arrive au matin. Cela nous donnait une chance de nous enfuir, de retourner dans le ghetto et dans le grenier.

« Et puis nous avons vu les nazis installer au milieu de la place une mitrailleuse, pointée sur la foule de gens entassés là qui réagirent par un murmure étouffé de terreur. Mais, alors que tout le monde comprenait ce qui se préparait, personne n'osait crier ni sangloter tout haut. Le silence régnait, lourd de peur et de tension. Nous nous sommes étreints – ma mère, mon père, Hilek et moi. Nous nous sommes regardés, comme on se regarde pour la dernière fois... pour emporter avec nous l'image des visages aimés avant de nous enfoncer dans les ténèbres.

« Tout le reste, tout ce que nous avions vécu, ce pour quoi nous nous étions battus jusqu'à ce moment, perdit soudain son importance.

« Mon père était à demi inconscient, ma mère, comme toujours, sereine. Elle me sourit même.

« "N'aie pas peur, me chuchota-t-elle à l'oreille. Tout le monde doit mourir un jour, on ne meurt qu'une fois... Et nous mourrons tous ensemble, alors n'aie pas peur, ce ne sera pas si terrible..." »

La déportation des Tsiganes

Les Tsiganes furent persécutés pour des raisons idéologiques, pourtant le chef SS Heinrich Himmler croyait que certains d'entre eux étaient « de race pure » et des « cousins aryens ». Il fallait donc les préserver et les identifier pour les placer dans une « réserve ». La tâche des « chercheurs raciaux » consistait essentiellement à déterminer quels Tsiganes avaient trop de « sang métissé » pour être classés « aryens ». D'après leurs critères, la grande majorité se trouva être dans ce cas. Pris dans l'engrenage bureaucratique de l'Allemagne raciste, la plupart des Tsiganes subirent la déportation. Beaucoup furent envoyés d'abord dans les ghettos juifs, et de là dans les camps de la

« Sous couvert de préparatifs
aux Jeux olympiques, la police
de Berlin avait arrêté des centaines
de Tsiganes en mai 1936 et transféré
des familles entières, avec roulottes,
chevaux et autres possessions,
dans le "campement" des Marzhan,
entre une décharge d'ordures
et un cimetière. Le "campement"
n'avait pas tardé à être entouré
de barbelés : un camp
de concentration tsigane venait
d'être créé de facto *dans un faubourg*
de Berlin. C'est de Marzhan
et de périmètres analogues prestement
ceinturés à la périphérie d'autres villes
allemandes que des milliers
de Tsiganes partirent quelques années
plus tard vers les camps
d'extermination de l'Est. »

SAUL FRIEDLÄNDER, SURVIVANT
ET PROFESSEUR D'HISTOIRE DE LA SHOAH

mort. Des Juifs, mais aussi des enfants tsiganes servirent de cobayes aux expériences médicales tristement célèbres conduites à Auschwitz. Plus de 20 000 Tsiganes périrent dans ce camp.

En Europe de l'Est il devint courant d'exécuter sommairement des groupes de Tsiganes dans les bois, à l'extérieur des villes ; souvent des collaborateurs locaux s'en chargeaient. En Croatie les Tsiganes furent presque tous exterminés. On ignore le nombre exact des Tsiganes assassinés par les nazis et leurs auxiliaires. Ce fait s'explique par les lacunes de la recherche et l'absence de sources, et par les fluctuations des statistiques relatives à la population tsigane avant et après la guerre. Les historiens avancent un chiffre minimum de 200 000 hommes, femmes et enfants assassinés, mais certains jugent que la réalité est plus proche de 60 000. On estime que de 10 à 50 % des Tsiganes d'Europe périrent.

À la différence des survivants juifs, les survivants tsiganes n'ont jamais reçu de réparations

« Ritter vous mettait à l'aise. On entrait l'un après l'autre et on s'asseyait sur la chaise. Alors il comparait les yeux des enfants et nous posait des questions à tous, et Justin notait tout par écrit. Ensuite il vous faisait ouvrir grand la bouche et il avait des instruments pour mesurer la gorge, les narines, le nez, la base du nez, la distance entre les yeux, la couleur des yeux, les sourcils, l'intérieur et l'extérieur des oreilles, le cou, les mains […]. Absolument tout ce qu'on pouvait mesurer. »

TÉMOIGNAGE DE JOSEF REINHARDT, TSIGANE ALLEMAND, SUR LES EXAMENS DES « BIOLOGISTES RACIAUX » ALLEMANDS

Eva Justin, expert du « fléau tsigane »

Eva Justin était l'une des assistantes de Robert Ritter, principal expert nazi en matière de ce qu'on appelait souvent le « fléau tsigane ». Psychologue d'enfants à l'origine, Ritter se spécialisa en « biologie criminelle », une théorie qui attribuait le comportement déviant ou criminel au patrimoine génétique. D'après Ritter, les Tsiganes, bien qu'« aryens de race pure » en des temps lointains, avaient perdu ces caractéristiques innées du fait de leur « métissage » avec divers peuples « inférieurs » dû à leur vie nomade. Ce qui expliquait, selon Ritter, leur comportement criminel et asocial. Justin poursuivit ses propres recherches pendant qu'elle travaillait auprès de Ritter. On retint 39 enfants tsiganes dans un foyer d'enfants catholique pour lui permettre de terminer sa thèse. Quand elle eut achevé ses recherches, en mai 1944, les enfants furent déportés à Auschwitz-Birkenau et placés dans le « camp tsigane ». Beaucoup périrent en même temps que près de 2 900 autres Tsiganes dans les chambres à gaz de Birkenau dans la nuit du 3 août 1944.

Im Wagon

Parmi les damnés

Calel Perechodnik était un policier juif du ghetto d'Otwock, en Pologne. On l'obligea à faire monter sa femme et sa petite fille dans le convoi à destination de Treblinka. Il écrivit ensuite : « Tu es dans le quatrième fourgon à bestiaux derrière la locomotive, un wagon presque entièrement plein de femmes et d'enfants. Pour tout le wagon, il n'y a que deux hommes. Te protègent-ils ? Tu es assise sur les planches, les jambes repliées sous toi, Aluska dans les bras. L'enfant dort-elle déjà à une heure si tardive ? Peut-être étouffe-t-elle, manquant d'air dans cette nuit d'août suffocante ? [...]

« Tu es seule au milieu de la foule des damnés. Peut-être te sens-tu réconfortée parce que le sort n'a pas touché que toi mais aussi tous ceux qui t'entourent ? Non, tu ne penses pas une chose pareille. Tu es assise là, et il y a une chose que tu ne comprends pas. Comment est-ce possible ? Ton Calinka, qui t'a aimée pendant dix ans, qui t'était fidèle, si prompt à deviner et à combler toutes tes pensées et tous tes souhaits, t'a aujourd'hui trahie, il t'a laissée monter dans le fourgon et lui est resté derrière. [...]

« Je sais que tu serres les poings, et qu'une vague de haine envers Aluska te submerge. Après tout, c'est son enfant à lui. Pourquoi suis-je obligée de l'avoir avec moi ici ? Tu te lèves, tu veux jeter la petite par la fenêtre.

« Anka, Anka, fais-le, jette l'enfant et que ta main ne tremble pas ! L'enfant tombera peut-être sous les roues du wagon qui prend de la vitesse, qui la réduira en bouillie. Et peut-être, s'il y a vraiment un Dieu en ce monde, de bons anges dérouleront-ils un tapis invisible pour qu'aucun mal ne lui arrive. Peut-être que ton Aluska tombera doucement sur le sol, s'endormira loin des rails, et qu'au matin un chrétien intègre, incapable de résister à son visage angélique, la ramassera, la prendra dans ses bras, l'emmènera chez lui et l'élèvera comme sa propre fille.

« Fais-le, Anka ; n'hésite pas une seconde ! »

Le dessin de la page ci-contre et celui de la page 61 sont d'Ella Liebermann-Shiber. Née à Berlin, Ella passa dix-sept mois à Auschwitz-Birkenau. Elle fut libérée en mai 1945 ; elle avait dix-sept ans. Quatre-vingt-treize dessins témoignent de ce qu'elle a vécu.

de l'Allemagne ni d'autres pays. Dans une Europe où les tensions ethniques augmentent, les Tsiganes sont aujourd'hui le groupe le plus persécuté, souvent en butte à la discrimination et à la violence.

Les séparations

Le 12 juillet 1942 Hertha Josias, originaire de Hambourg en Allemagne, écrivit une lettre à sa fille de dix-sept ans, Hannelore, qui, avec sa sœur cadette Ingelin, avait pu se réfugier à Mellerud, en Suède. Hertha savait qu'elle allait être déportée mais ignorait où. Elle écrit : « Je te supplie, chère Hannele, de bien t'occuper d'Ingelin. Tu dois être à la fois une mère et un père pour elle. Sois gentille avec elle et promets-moi de toujours l'aimer et veiller sur elle. Ne vous quittez pas et surveille-la bien. Je m'en remets complètement à toi, ma grande. Nous allons rester quelque temps sans nous donner de nouvelles mais, dès que je le pourrai, je t'écrirai. » Hertha Josias termine sa lettre en souhaitant que Dieu veille sur ses filles et qu'elles ne l'oublient pas. C'est le genre de lettres qu'écrivent les gens qui se savent condamnés à mort.

Beaucoup de ces lettres ont été préservées. Elles révèlent les souffrances endurées par les familles juives et tsiganes sous le régime nazi. On sépara les parents des enfants, les enfants des parents.

Ceux qui déchiraient ces familles étaient très souvent eux-mêmes des parents ; ils avaient des enfants, mais ils ne semblent pas avoir été troublés pour autant. Après leur journée de travail à Auschwitz, les médecins rentraient chez eux auprès de leurs femmes et de leurs enfants qui vivaient à proximité du camp. Peut-être venaient-ils d'envoyer des milliers de mères et d'enfants à la mort dans les chambres à gaz. Comment purent-ils le faire, mois après mois, et être en même temps de bons maris et des pères affectueux ? On demanda à Hermann Friedrich Gräbe, un ingénieur allemand, pourquoi il avait sauvé des Juifs pendant la guerre. Il était incapable d'expliquer pourquoi ni comment, dit-il, mais il savait que sa mère, une femme d'un milieu modeste, avait beaucoup compté pour lui. Enfant, il avait harcelé une vieille dame juive avec ses camarades. « Ma mère m'a dit : "Tu ne dois jamais faire une chose pareille. Pourquoi as-tu fait ça ?" Évidemment j'ai répondu : "Parce que les autres l'ont fait." Elle me dit d'un ton ferme : "Tu n'es pas les autres. Tu es mon fils. Ne recommence jamais. Sinon, tu auras de mes nouvelles et tu verras comment je te traiterai. Tu aimerais être à sa place ? – Non, répondis-je. – Alors, dis-moi, pourquoi as-tu fait ça ? Ne recommence pas. Cette dame a des sentiments, cette dame a un cœur, comme toi, comme moi. Ne recommence pas." [...] C'est ainsi que ma mère a eu de l'influence sur moi. Elle me disait : "Prends les gens comme ils sont, pas pour leur métier, pas pour leur religion, mais comme ils sont en tant que personnes." » Il est peut-être exagéré d'affirmer que tout réside dans l'éducation que les parents donnent à leurs enfants, mais c'est un sujet trop important pour qu'on le traite à la légère.

« Ils attendent le pire – ils n'attendent pas l'inconcevable.

CHARLOTTE DELBO

Ghetto de Lodz, septembre 1942. Un jeune garçon dit adieu à sa famille. Les Allemands ont annoncé qu'il faut réduire la population du ghetto et que seuls les « productifs » sont autorisés à rester. Pour cette raison, entre le 5 et le 12 septembre, plus de 15 000 personnes – les malades, les vieillards et les enfants de moins de dix ans – sont emmenées. On les envoie au camp d'extermination de Chelmno, à 70 km au nord-ouest de Lodz. Là, elles sont assassinées dans des camions spécialement aménagés pour que les gaz d'échappement refluent à l'intérieur. Les camions roulent ensuite jusqu'à une grande clairière en plein bois distante de quelques kilomètres. C'est là qu'on incinère les cadavres.

L'ADIEU

Les trains de déportés circulaient en permanence. Therese Müller, une Hongroise juive qui survécut à Auschwitz, se souvient : « La lumière nous parvient par la petite fenêtre à barreaux. Nous voyons défiler les arbres et le paysage montagneux. Que veulent nous dire les arbres dehors ? Que nous disent le fracas des rails et le coup de sifflet quand le train passe sur les aiguillages ? Je ne vois plus les gens séparément. Je les vois tous à travers un brouillard. Tous attendent ou dorment. Tout est silencieux. Ces gens sont ma famille. Nous nous soutenons les uns les autres. Mais en même temps je sais que c'est aussi une séparation. Je suis sûre que beaucoup d'entre nous vont périr. Nous essayons de prendre les choses comme elles viennent. C'est l'aube. Ma mère me tient la main. C'est son adieu. »

ÉCRIT AU CRAYON DANS UN WAGON PLOMBÉ.

« Ici dans ce convoi
Je suis Ève
Avec mon fils Abel
Si tu vois mon aîné
Caïn fils d'Adam
Dis-lui que je »

DAN PAGIS

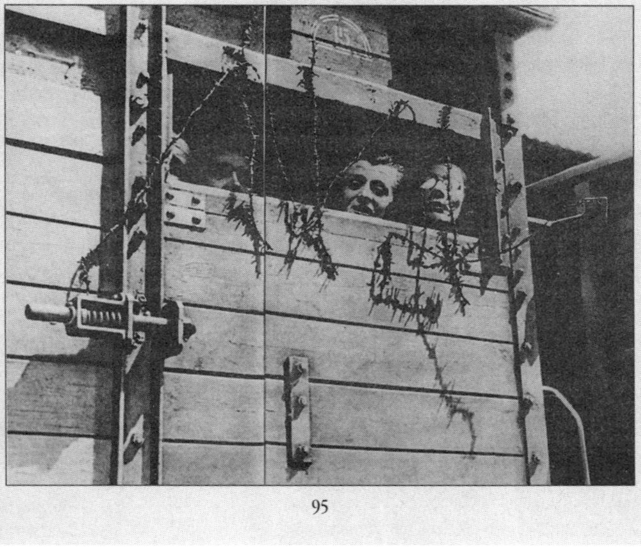

Déportation à bord du *Donau*

Le 26 novembre 1942, au petit matin, on embarqua de force 532 Juifs norvégiens à bord du *Donau*, un navire allemand. Il quitta Oslo le jour même et le groupe arriva à Auschwitz-Birkenau le 1er décembre. Les vieillards, les femmes et les enfants furent gazés aussitôt dans le « Bunker 2 ». On affecta les hommes à un travail d'esclave. Les Allemands et leurs auxiliaires norvégiens ne ralentirent jamais leurs recherches ; en 1944, 770 Juifs au total avaient été déportés à Auschwitz. Il n'y eut que 24 survivants. À la différence des autres détenus norvégiens, ils durent regagner la Norvège par leurs propres moyens après leur libération.

On leur prend tout

Herman Sachnowitz était un Juif norvégien qui survécut à la Shoah. Il décrit ici le choc de la déportation.

« Nous sommes arrivés à Oslo à midi. Gris et pitoyables. La sirène d'alarme retentit. Aucun civil norvégien ne devait assister à ce qui allait se passer. Mais il y avait encore des gens devant la barrière du dock pour l'Amérique, des amis norvégiens. Je les vis par une fenêtre de l'ambulance.

« Je vis aussi autre chose. La haute coque gris-noir d'un bateau, juste à 7 ou 8 mètres : c'était le *Donau* de Brême, le bateau des esclaves. Devant le wagon une voix d'homme lança un appel désespéré, quelque chose au sujet de femmes et d'enfants. Nous comprîmes qu'on avait aussi arrêté les femmes. Le professeur Epstein s'effondra et éclata en sanglots. Tout le monde craqua, moi comme les autres. Nous ne voyions plus les collaborateurs norvégiens qui nous gardaient. Des SS en uniforme vert les avaient remplacés en masse, il y en avait partout. Sous les hurlements hystériques des officiers ils nous firent descendre des wagons et nous poussèrent vers le quai en direction de la passerelle qui conduisait au pont du bateau. Nous, les malades, venions en dernier et voyions tout.

Les femmes, les enfants et les hommes se débattant en vain contre une force supérieure, brutale et sans pitié, un cercle de fer vivant ceinturant les malheureux. Pour nous, qui avions grandi dans un pays où l'amour fraternel était le premier et le plus grand commandement, ce spectacle était pire qu'un cauchemar. Ce fut le premier grand choc, et nous ne pensions pas qu'il pouvait empirer.

« Plus de 600 personnes qui avaient vécu toute leur existence dans la foi profonde en un État juste se voyaient soudain dépouillées de tout : leur liberté, leur pays et, ce qui était le plus insupportable, leur dignité humaine. On les poussait, on leur donnait des coups de pied, on les frappait. Ils suppliaient de ne pas avoir à monter à bord, car ils savaient ce que cela signifiait : la déportation. Ils se jetaient par terre sur le quai, s'arrachaient les cheveux et hurlaient, demandant grâce pour eux et ceux qu'ils aimaient, mais on ne leur fit pas de quartier. Des bottes à bouts ferrés et des matraques en caoutchouc les visaient à la tête et au ventre. Des mères avec des bébés dans les bras et des femmes enceintes étaient bousculées et maltraitées. Les vêtements déchirés laissaient voir la peau nue. Des petits enfants étaient jetés à terre. Et au milieu de tout cela – je la vois encore, devant mes yeux – une lente colonne de femmes et d'hommes âgés, faibles, montait la passerelle avec difficulté, la tête baissée, allant vers ce qu'ils jugeaient un sort inévitable. Ils en savaient plus long que nous, les jeunes. Ils connaissaient l'histoire de notre peuple. Ils étaient déjà morts. »

Le réseau ferroviaire de l'Europe joua un rôle décisif dans la perpétration de la Shoah. Les « trains spéciaux » transportèrent plusieurs millions de personnes. Les trains de voyageurs et de marchandises traversaient l'Europe jusqu'aux ghettos, lieux d'exécution, camps de transit et camps de la mort. Ces transports portaient souvent préjudice à l'effort de guerre allemand. Les SS réquisitionnaient un matériel roulant déjà rare et obligeaient souvent les Juifs à payer leurs billets, des allers simples. Le crime devait s'autofinancer.

Cette carte montre les itinéraires de déportation reliant les ghettos de Pologne à Treblinka. Ci-contre figure un extrait de la feuille de route d'un « train spécial ». Le 25 septembre 1942 il quitta Szydlowiec avec un « plein chargement » (800 tonnes) et arriva le lendemain à Treblinka à 11 h 24. Le « train vide » (600 tonnes) repartit pour Kozienice, où il arriva après minuit. Autrement dit : chargé à plein pour Treblinka, rentrant à vide. Cela jour après jour, mois après mois, de juillet 1942 à août 1943.

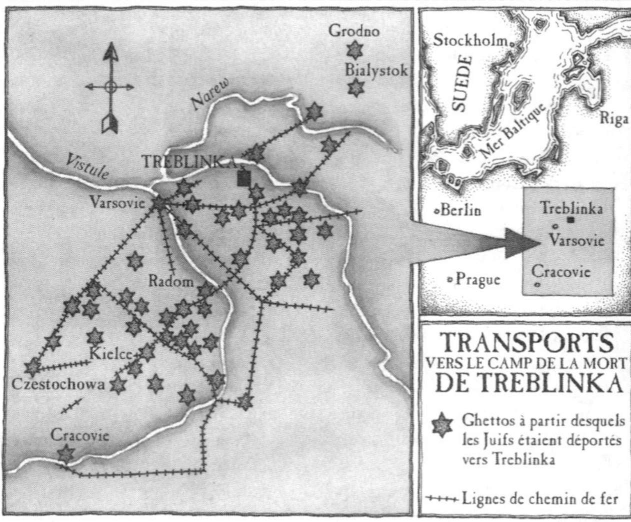

«[...] Ainsi toutes les personnes juives emprisonnées, hommes et femmes, enfants et vieillards, sont sans doute chargées dans des fourgons à bestiaux et emmenées soit en Allemagne, soit dans le Gouvernement général polonais [...]. À Budapest on a dépossédé les Juifs de presque tous leurs biens. Ils vivent à présent à 8 ou 10 dans une même pièce. Ceux qui ont la chance d'être capables d'effectuer un travail indispensable sont vraisemblablement transportés dans des usines allemandes, où ils peuvent espérer être traités à peu près correctement. Les autres, en revanche, les enfants, les femmes trop faibles et les vieillards, sont déportés au camp d'extermination d'Auschwitz-Birkenau, près de Katowice, en Pologne.»

IVAN DANIELSSON, REPRÉSENTANT DE LA SUÈDE À BUDAPEST, DANS UN RAPPORT AU MINISTÈRE DES AFFAIRES ÉTRANGÈRES À STOCKHOLM, 24 JUIN 1944

5.) P Kr. 9232 (30.9) von Szydlowiec nach Treblinka am 25./26. Sept.

Szydlowiec	(3.08)/21.30	im Plan Dg 91249 B
Radom	22.49/ 0.13	" " Dg 91255 B
Deblin Gbf	2.00/ 3.10	" " Dg 91257 B
Lukow	5.17/ 6.08	" " Dg 95402 B
Siedlce	6.58/ 8.34	" " Dg 91365 B
Treblinka	11.24/(15.59)	

6.) Rückleitung des Leerzuges:

Lp Kr. 9233 (30.11) von Treblinka nach Kozienice am 26./27. Sept.

Treblinka	(11.24)/15.59	im Plan Dg 91368 B
Siedlce	17.56/18.42	" " Dg 91445 B
Lukow	19.36/20.37	" " Dg 91266 B
Deblin Gbf	22.34/23.36	" " Dg 91266 B
Bakowiec	0.00/ 0.05	im Sonderplan (Kreuzung mit P
Kozienice	0.35	

Feuille de route des « trains spéciaux ».

Chronologie

1943 18 JANVIER

Déclenchement de la première insurrection du ghetto de Varsovie.

2 FÉVRIER

Victoire des forces soviétiques sur l'armée allemande à Stalingrad.

22 FÉVRIER

Sophie et Hans Scholl, membres de La Rose blanche (un groupe de résistance composé d'étudiants de l'université de Munich), sont exécutés après avoir été reconnus coupables de trahison par un tribunal spécial nazi.

26 FÉVRIER

Le premier convoi de Tsiganes venant d'Allemagne arrive à Auschwitz. Ils sont placés dans un camp spécial.

22 MARS-25 JUIN

Quatre crématoires équipés de chambres à gaz sont terminés et prêts pour l'emploi à Auschwitz-Birkenau.

19-30 AVRIL

Des représentants américains et britanniques se réunissent aux Bermudes pour débattre du sauvetage des Juifs d'Europe mais ne définissent aucun plan concret.

19 AVRIL

Insurrection du ghetto de Varsovie.

16 MAI

L'insurrection du ghetto de Varsovie est écrasée et le ghetto détruit.

8 JUIN

Un convoi de mères avec leurs 3 000 enfants quitte la Hollande pour Sobibor. Tous sont gazés à l'arrivée.

11 JUILLET

Hitler interdit toute mention publique de la « solution finale du problème juif ».

1er-2 OCTOBRE

Les Danois organisent l'évacuation des Juifs du Danemark.

Chronologie

1944 19 MARS

L'Allemagne occupe la Hongrie et commence à déporter la population juive du pays.

6 JUIN

Jour J. Les forces alliées débarquent en Normandie.

20 JUILLET

Des officiers allemands tentent d'assassiner Hitler.

JUILLET

L'Armée rouge libère le camp de Maïdanek.

2 AOÛT

Liquidation du camp des familles tsiganes d'Auschwitz : 2 897 Tsiganes sont gazés en une nuit.

NOVEMBRE

On cesse de tuer au zyklon B dans les chambres à gaz d'Auschwitz.

1945 17-18 JANVIER

Début de l'évacuation forcée d'Auschwitz. Les SS obligent les détenus à gagner l'Allemagne à pied dans les « marches de la mort ».

27 JANVIER

L'Armée rouge libère Auschwitz.

11 AVRIL

Les Américains libèrent le camp de concentration de Buchenwald.

15 AVRIL

Les forces britanniques libèrent le camp de concentration de Bergen-Belsen.

29-30 AVRIL

Les forces soviétiques libèrent le camp de concentration de Ravensbrück et y découvrent 3 500 détenues.

30 AVRIL

Hitler se suicide.

7-8 MAI

L'Allemagne capitule. C'est le jour de la victoire. La guerre est finie en Europe.

À la clinique Eichberg, des cars attendent des malades devant être conduits au « centre d'euthanasie » de Hadamar pour y être incinérés.

« Widmann, l'Institut technique de criminologie peut-il fabriquer du poison en grande quantité ?
– Pour quoi faire ? Tuer des gens ?
– Non.
– Des animaux ?
– Non.
– Quoi alors ?
– Pour tuer des animaux à forme humaine, autrement dit les malades mentaux qu'on ne peut plus qualifier d'humains et qui n'ont aucune chance de guérir. »

DR ALBERT WIDMANN, DIRECTEUR DE LA SECTION DE CHIMIE À L'INSTITUT MÉDICO-LÉGAL, S'ENTRETENANT AVEC UN HAUT RESPONSABLE DE LA CHANCELLERIE PERSONNELLE DE HITLER, JUILLET 1938

Le génocide commence

LE MASSACRE systématique des Juifs d'Europe fut précédé par la mise à mort, approuvée par l'État, de citoyens allemands handicapés, arriérés mentaux et « asociaux ». L'opération, dite Aktion T4, commença en octobre 1939 et se déroula sous le contrôle direct de la chancellerie personnelle de Hitler. Dans toute l'Allemagne, des autocars gris aux fenêtres obstruées par des rideaux ou recouvertes de peinture allèrent chercher les victimes dans les asiles et les cliniques pour les conduire aux « centres d'euthanasie », équipés de chambres à gaz et de crématoires. Les médecins décidaient qui devait être « désinfecté », c'est-à-dire mis à mort. Une lettre type informait ensuite la famille : « Cher Monsieur X..., Comme vous l'avez certainement appris, votre fille, Mademoiselle X..., a été transférée sur décision ministérielle dans notre établissement. Nous avons le pénible devoir de vous annoncer que votre fille est décédée chez nous le... d'une grippe... Tous les efforts entrepris par les médecins pour maintenir la malade en vie ont malheureusement échoué. » Souvent on prélevait des parties du corps des victimes de l'« euthanasie » pour les envoyer aux écoles de médecine comme matériau d'étude. Au moins 120 000 personnes périrent par « euthanasie » entre 1940 et 1945. Embarrassé par les réactions inquiètes de la population, le bureau du Führer mit « officiellement » fin au programme en août 1941. Mais il se poursuivit officieusement pendant plusieurs années encore.

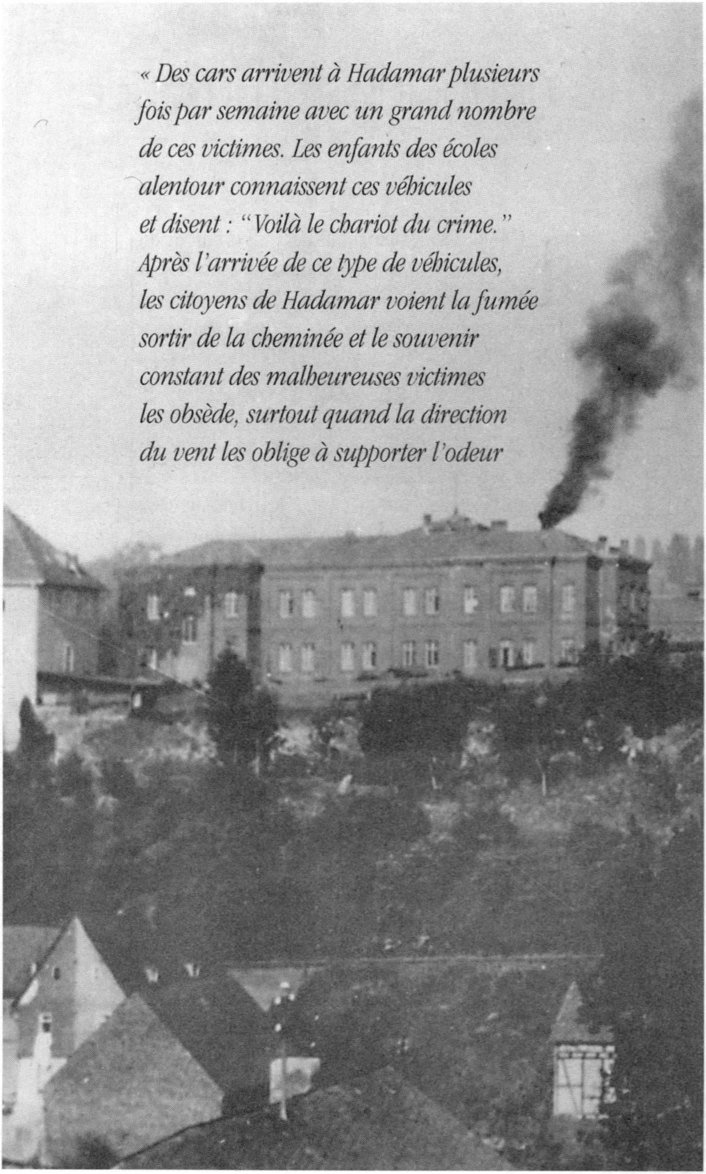
« Des cars arrivent à Hadamar plusieurs fois par semaine avec un grand nombre de ces victimes. Les enfants des écoles alentour connaissent ces véhicules et disent : “Voilà le chariot du crime.” Après l’arrivée de ce type de véhicules, les citoyens de Hadamar voient la fumée sortir de la cheminée et le souvenir constant des malheureuses victimes les obsède, surtout quand la direction du vent les oblige à supporter l’odeur

infecte. En conséquence des principes appliqués ici, les enfants, lorsqu'ils se disputent entre eux, lancent des remarques comme : "Tu es crétin, on va te mettre dans le four à Hadamar." »

LETTRE DE L'ÉVÊQUE CATHOLIQUE DE LIMBURG AU MINISTÈRE DE LA JUSTICE, 13 AOÛT 1941

La fumée sort du crématoire de Hadamar.

Parallèlement, les exécutions sommaires des Juifs dans les pays baltes et les parties occupées de l'Union soviétique atteignirent leur point culminant après des semaines de tueries massives. Babi Yar, un ravin proche de Kiev, fut le cadre d'une des plus grandes « actions » isolées, au cours de laquelle une « unité spéciale » SS, aidée de la police, tua 33 371 hommes, femmes et enfants juifs.

Sous la direction de l'« architecte du génocide » Heinrich Himmler, les SS se chargèrent de gérer l'anéantissement des Juifs. En octobre 1943 Himmler mentionna l'« extermination du peuple juif » et fit l'éloge de son organisation. « Nous avions le droit moral, déclara-t-il, nous avions le devoir envers notre propre peuple de tuer ce peuple qui voulait nous tuer. [...] Nous avons effectué cette tâche particulièrement difficile par amour pour notre peuple. Et elle ne nous a pas entamés intérieurement, dans notre âme, dans notre nature. » Il estimait que les assassins étaient restés « décents ». On prétendit après la guerre que ceux qui refusaient d'exécuter un ordre dans les camps de la mort ou de participer à l'exécution massive des civils par fusillade étaient punis et risquaient même la mort. Or on n'a connaissance d'aucun cas de ce genre. Ceux, très rares, qui demandèrent à être exemptés ne furent jamais sanctionnés. La plupart des participants exécutèrent les ordres sans se poser de questions, convaincus que les Juifs étaient des « parasites » à exterminer. Beaucoup croyaient accomplir un acte sacré pour le Führer et la patrie. Dans la mesure où ils restaient discrets, les exécuteurs purent s'enrichir des biens des victimes.

DANS LES PAYS BALTES

La carte à droite provient d'un rapport de l'*Einsatzgruppe A*, qui opérait principalement dans les pays baltes. Elle montre le nombre d'« exécutions de Juifs terminées », accompagné d'un « décompte » et d'un cercueil. L'Estonie est déclarée « purgée de ses Juifs ». La ligne du bas précise : « Estimation du nombre de Juifs encore présents : 128 000 ». Dans les pays baltes, en Biélorussie et en Ukraine, les Allemands bénéficièrent du large concours des milices locales et des unités régulières de l'armée allemande (la Wehrmacht). Avraham Tory était un avocat rescapé du ghetto de Kaunas, en Lituanie. Dans son Journal il décrit une journée de 1941, où les habitants du ghetto furent emmenés à la « sélection ». Qui va vivre, qui doit mourir ?

« Le mardi matin, 28 octobre, le temps était à la pluie. Une brume épaisse cachait le ciel et l'obscurité enveloppait tout le ghetto. Une mince neige fondue emplissait l'air et recouvrait le sol d'une couche fine. Arrivant de toutes les directions, se traînant pesamment, la démarche chancelante, des groupes d'hommes, de femmes et d'enfants, de vieillards et de malades qui s'appuyaient au bras de leurs parents ou de voisins, de bébés dans les bras de leur mère, progressaient en files interminables. Ils s'étaient tous enveloppés de manteaux, de châles ou de couvertures pour se protéger du froid et de l'humidité. Beaucoup tenaient des lanternes ou des bougies qui projetaient une faible lueur, éclairant leur chemin dans l'obscurité.

« De nombreuses familles avançaient lentement, se tenant par la main.

« Tous marchaient dans la même direction, la place Demokratu. C'était un cortège funèbre de gens qui portaient leur propre deuil. Quelque 30 000 personnes s'enfonçaient ce matin-là dans l'inconnu, en route vers un sort peut-être déjà scellé par les maîtres sanguinaires.

« Cette procession de dizaines de milliers de gens avançait dans un silence de mort. Tous progressaient péniblement, absorbés dans leurs pensées, songeant à leur sort et à celui de leur famille dont la vie ne tenait qu'à un fil. Trente mille, seuls, oubliés de Dieu et des hommes, livrés au caprice des tyrans dont les mains avaient déjà versé le sang de tant de Juifs. »

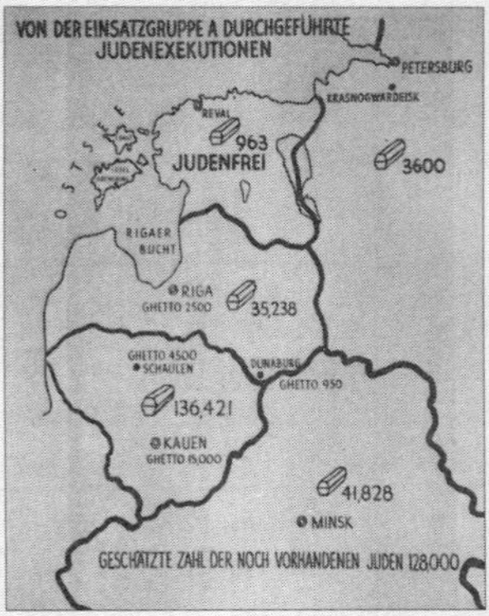

Les unités spéciales

L'« opération Barberousse », c'est-à-dire l'invasion de l'Union soviétique par l'Allemagne nazie le 22 juin 1941, marque aussi le début de ce qu'on appela bientôt « la solution finale » : la mise à mort systématique des Juifs d'Europe. Il y avait un rapport étroit entre les deux projets. Immédiatement derrière l'armée allemande venaient quatre petits groupes mobiles, les *Einsatzgruppen*, ou « unités spéciales ». En juin elles comptaient 3 000 hommes appartenant à la police régulière allemande, à la police de sécurité et aux forces SS. Elles avaient l'ordre d'exécuter les commissaires politiques soviétiques et les Juifs « membres du parti ». L'armée protégeait leurs déplacements et leurs opérations. Cette mission consista vite à exécuter sommairement « les Juifs en général ». De nombreux Tsiganes furent aussi raflés et abattus. Ces unités tenaient des statistiques méticuleuses et envoyaient à Berlin des rapports qui nous permettent de suivre leurs « progrès » sanglants au jour le jour.

Un de ces documents énumère sur sept pages les exécutions effectuées en Lituanie par un commando de l'*Einsatzgruppe A*, du 4 juillet au 1er décembre 1941. Soit 137 346 victimes au total : communistes russes et lituaniens, prisonniers de guerre russes, « malades mentaux », Lituaniens, Polonais, Tsiganes et partisans. Mais les hommes, femmes et enfants juifs formaient le groupe de loin le plus important. Dans l'extrait de son Journal déjà cité, A. Tory décrit les Juifs du ghetto de Kaunas se rendant, le 28 octobre à l'aube, à une « sélection » sur la place Demokratu.

On lit, dans le rapport du 29 octobre 1941 : « 29/10/41 Kaunas [...] 2 007 Juifs, 2 920 Juives, 4 273 enfants Juifs (nettoyage des Juifs superflus du ghetto) : 9 200. » Il semble clair aujourd'hui que, en Europe de l'Est et dans l'ex-Union soviétique, près de 2 millions de personnes au total furent abattues sommairement par des « unités spéciales », des bataillons de police et d'autres unités cherchant à tuer massivement les Juifs.

« Le plus long est de creuser les fosses, alors que l'exécution elle-même prend beaucoup moins de temps (100 personnes en 40 minutes) [...]. Au début mes hommes n'ont pas réagi. Mais le deuxième jour on remarquait qu'un ou deux n'avaient pas la force morale de procéder aux exécutions pendant des périodes prolongées. Je dirais quant à moi qu'on ne souffre pas d'inhibitions psychologiques pendant une exécution. Elles viennent plus tard, quand on y repense dans le calme et le silence le soir, au bout de plusieurs jours. »

RAPPORT DU LIEUTENANT WALTHER SUR UNE EXÉCUTION PRÈS DE BELGRADE, 1er NOVEMBRE 1941

L'ASSASSINAT EN MASSE DES FEMMES ET DES ENFANTS

Le 14 octobre 1942 on conduisit un groupe de femmes juives, dont certaines enceintes, et d'enfants du ghetto de Misocz, en Ukraine, jusqu'à un ravin en dehors de Rovno. Ils furent exécutés sommairement par la police allemande et la milice ukrainienne. La photo p. 110-111 montre les femmes qu'on aligne. Plusieurs portent des nourrissons. Sur la photo p.114-115, un policier donne le « coup de grâce » aux femmes et aux enfants seulement blessés.

L'ingénieur allemand Hermann F. Gräbe, témoignant sous serment après la guerre, décrit un épisode similaire survenu à Dubno, en Ukraine, le 5 octobre 1942 :

« Moennikes et moi sommes allés droit aux fosses. Personne ne nous en empêcha. J'entendis alors des coups de fusil se succéder rapidement, provenant de derrière un des monticules de terre. Les gens qui étaient descendus des camions – hommes, femmes, enfants de tous âges – devaient se dévêtir sur l'ordre d'un SS qui avait un fouet. Ils devaient poser leurs vêtements à des endroits déterminés ; chaussures, vêtements de dessus et sous-vêtements étaient classés par catégories respectives. Je vis un tas de chaussures de 800 à 1 000 paires, d'immenses piles de linge de corps et de vêtements.

« Sans crier ni pleurer, ces personnes se déshabillaient, se groupaient par familles, s'embrassaient les unes les autres, se disaient adieu et attendaient un signe d'un autre SS qui se tenait près de la fosse, également un fouet à la main. Pendant le quart d'heure que je restai là, je n'entendis ni plainte ni appel à la pitié. J'observais une famille d'environ 8 personnes, un homme et une femme d'une cinquantaine d'années avec leurs enfants d'environ un, huit et dix ans et 2 grandes filles de vingt et vingt-quatre ans environ. Une dame aux cheveux blancs comme la neige tenait le bébé de un an dans ses bras ; elle lui chantait une chanson et le caressait. Le bébé poussait des cris de plaisir. Le couple les regardait, les yeux pleins de larmes. Le père tenait par la main un petit garçon d'une dizaine d'années et lui parlait doucement ; le petit garçon luttait contre les larmes. Le père lui montra du doigt le ciel, lui caressa la tête et parut lui expliquer quelque chose.

« À ce moment-là, le SS qui se trouvait près de la fosse cria quelque chose à son camarade. Ce dernier compta environ 20 personnes et leur dit d'aller derrière le monticule de terre. Parmi elles était la famille que j'ai mentionnée. Je me rappelle bien une jeune fille, mince, et aux cheveux noirs, qui, en passant près de moi, se montra du doigt et dit : "Vingt-trois ans." »

« L'exécution proprement dite
dura de trois à quatre heures.
J'y participai tout du long.
Je n'avais de répit que lorsque
ma carabine était vide
et que je devais la recharger.
Il m'est donc impossible
de dire combien de Juifs
j'ai vraiment tués pendant
ces trois où quatre heures,
car quelqu'un d'autre
me remplaçait pendant
ce temps-là. Nous avons bu
pas mal d'alcool
pendant l'opération,
pour garder le moral. »

ALFRED METZNER, INTERPRÈTE
À L'ADMINISTRATION
CIVILE DU COMMISSARIAT
DU REICH OSTLAND

Des unités spéciales aux usines de mort

Les tueries par fusillade conduites par les unités spéciales firent des centaines de milliers de morts, mais elles posèrent bientôt un problème. Elles attiraient trop l'attention, avaient souvent un effet négatif sur le moral des soldats et prenaient trop de temps pour atteindre les quotas requis. À partir de l'automne 1941 les organisateurs du génocide cherchèrent, et trouvèrent, des méthodes plus efficaces pour éliminer plusieurs milliers de personnes par jour. Après des expériences avec des explosifs, on découvrit la solution : le gaz. Dans le programme T4 des « centres d'euthanasie », on s'était servi de monoxyde de carbone mis en bouteille. Toutefois cette méthode n'était pas applicable aux tueries massives envisagées à partir du début de 1942. Le 8 décembre 1941, au camp d'extermination de Chelmno, on recourut pour la première fois à des camions spécialement conçus pour utiliser les gaz d'échappement. Le 17 mars 1942, les chambres à gaz du camp d'extermination de Belzec étaient prêtes à recevoir le premier convoi de Juifs en provenance du ghetto de Lublin. À Belzec, Sobibor et Treblinka, on utilisa les gaz d'échappement des moteurs de grands tanks soviétiques. Ces trois camps employaient une centaine d'hommes qui avaient participé au programme T4.

À l'automne 1941, on expérimenta à Auschwitz les possibilités du zyklon B, un insecticide. Il se révéla très efficace. L'acide prussique dégagé par ses granules asphyxiait rapidement ceux qu'on forçait à

Risques pour la santé du personnel des camions de gazage

L'extrait ci-dessous provient d'un rapport rédigé le 16 mai 1942 par le lieutenant SS August Becker. Il concerne les camions à gaz spécialement modifiés, utilisés en Ukraine, en Serbie et au camp de la mort de Chelmno.

« Le réaménagement des camions des [*Einsatz*] *Gruppen D* et *C* est terminé.

« J'ai fait camoufler les camions des [*Einsatz*] *Gruppen D* et *C* en roulottes, en fixant un volet de fenêtre de chaque côté des petits camions et deux sur les grands, comme on en voit souvent sur les fermes du pays.

« Les camions ne trompaient plus personne, au point que non seulement les autorités mais la population civile aussi les appelaient les " camions de la mort " dès qu'elles les voyaient. À mon avis les camions ne peuvent plus rester secrets, même camouflés. [...]

« J'ai donné aussi des instructions pour que tout le personnel reste le plus loin possible des camions pendant le gazage, afin de protéger sa santé en cas de fuite de gaz. Je voudrais en profiter pour attirer votre attention sur le point suivant : plusieurs unités spéciales laissent leurs propres hommes effectuer le déchargement après gazage.

« J'ai fait observer aux commandants du *Sonderkommando* (unité spéciale) concerné les graves dommages physiques et psychologiques que les hommes pourraient subir sinon dans l'immédiat, peut-être plus tard. Les hommes se sont plaints à moi d'éprouver régulièrement des maux de tête après chaque déchargement. On hésite néanmoins à modifier les ordres de peur que, si on utilise des prisonniers pour ce travail, ceux-ci en profitent pour s'évader à la première occasion. Je demande des instructions adéquates pour mettre les hommes à l'abri du danger.

« D'une façon générale les gazages ne sont pas effectués comme il faut. Afin de terminer l'*Aktion* au plus vite, le conducteur appuie au maximum sur l'accélérateur. De sorte que les personnes devant être exécutées meurent par asphyxie au lieu de s'assoupir comme prévu. Il est prouvé que si l'on suit mes instructions et si les manettes sont réglées correctement, la mort vient plus vite et les prisonniers s'endorment paisiblement. On n'a plus de visages tordus ni d'excrétions, comme ce qu'on a pu observer précédemment. Je repars aujourd'hui rejoindre l'[*Einsatz*] *Gruppe B*, où on pourra me joindre pour de nouvelles instructions. »

le respirer. Bientôt commencèrent à Auschwitz des gazages en masse réguliers, utilisant le zyklon B. On l'employa aussi au camp de Maïdanek, à la périphérie de Lublin, et dans certains camps de concentration en Allemagne. Ces méthodes industrielles permirent à un nombre relativement peu élevé de SS, aidés d'auxiliaires, de mettre à mort près de 3 millions de personnes, de décembre 1941 à novembre 1944, dans les chambres à gaz des camps.

L'opération Reinhardt

De mars 1942 à octobre 1943, près de 1,7 million de personnes périrent dans les camps de la mort de Belzec, Sobibor et Treblinka. Les camps faisaient partie de l'« opération Reinhardt » visant à vider la Pologne de ses Juifs et à dépouiller les victimes de leurs dernières possessions. Outre les vêtements, l'argent et les effets personnels, on récupérait les cheveux et les dents en or des morts. Il ne fallait rien perdre. Dans chaque camp, jusqu'à 1 000 prisonniers juifs furent affectés à cette tâche et à l'évacuation des cadavres.

Les camps n'étaient pas très grands, ils mesuraient environ 600 mètres de long sur 400 de large. Le personnel était composé d'une trentaine de SS aidés d'une centaine d'auxiliaires ukrainiens et baltes. Les trois camps présentaient peu de différences et constituaient, au dire d'un ex-soldat SS, « une chaîne de mort, primitive certes, mais qui fonctionnait bien ». Les victimes arrivaient en train, presque toujours entassées dans des fourgons de marchandises. Dans ces camps, il n'y avait pas de médecins pour « sélectionner » les arrivants comme à Auschwitz et à

« Durant tout l'hiver on obligea
de petits enfants, nus comme des vers,
sans souliers, à rester dehors pendant
des heures d'affilée, à attendre leur tour
de passer dans les chambres à gaz
de plus en plus actives. Leurs plantes
de pied gelaient et restaient collées
au sol glacé.
Ils attendaient et pleuraient :
certains d'entre eux moururent de froid.
Pendant ce temps-là, les Allemands
et les Ukrainiens ne cessaient d'arpenter
les rangs, frappant et bourrant
de coups de pied les victimes.
Un des Allemands, un dénommé Sepp,
était une brute sadique et sauvage,
qui prenait un plaisir tout particulier
à torturer les enfants. Lorsqu'il bousculait
les femmes et qu'elles le suppliaient
d'arrêter parce qu'elles avaient
des enfants avec elles, il lui arrivait
souvent d'arracher un enfant des bras
de la femme et de le mettre en pièces
ou de le saisir par les jambes,
de l'assommer contre un mur
et de jeter son cadavre au loin. »

YANKEL WIERNIK, SURVIVANT DE TREBLINKA

Maïdanek. On leur disait qu'ils venaient travailler mais qu'ils devaient d'abord quitter leurs vêtements pour passer à l'« épouillage » et prendre un « bain ». Les hommes d'un côté, les femmes et les enfants de l'autre étaient contraints de se déshabiller, d'abandonner leurs effets et de marcher jusqu'aux chambres à gaz.

Une fois les moteurs en marche, on introduisait les gaz d'échappement à l'aide de tuyaux dans les chambres surpeuplées. Le processus tout entier prenait une heure ou deux. À Treblinka on pouvait tuer jusqu'à 15 000 personnes par jour, mais, expliquait le même SS, « alors on y passait la moitié de la nuit ». Au début on enterra les cadavres dans d'énormes fosses communes mais, à partir de l'automne 1942, ils furent incinérés. Il n'y a que très peu de survivants des camps de l'« opération Reinhardt ». Une centaine de Juifs au maximum réchappèrent de Treblinka, moins de cinquante à Sobibor, et à Belzec, deux.

Avis affiché à Treblinka

Juifs de Varsovie, attention !

Vous vous trouvez dans un camp de transit, d'où vous serez plus tard envoyés dans des camps de travail.

Pour éviter les épidémies, tous les vêtements et bagages doivent être soumis à la désinfection. L'or, l'argent, les devises, les bijoux seront remis à la caisse contre reçu. On vous les rendra plus tard sur présentation du reçu. Tous les arrivants doivent avant de repartir prendre un bain pour se laver.

LES CAMPS DE LA MORT ET LE NOMBRE ESTIMÉ DE VICTIMES

Chelmno, *décembre 1941-juillet 1944*	152 000-320 000
Belzec, *mars 1942-décembre 1942*	600 000
Sobibor, *avril 1942-octobre 1943*	250 000
Treblinka, *juillet 1942-août 1943*	700 000-900 000
Maïdanek, *octobre 1941-juillet 1944*	Plus de 235 000
Auschwitz-Birkenau, *janvier 1942-janvier 1945*	Plus de 1 100 000

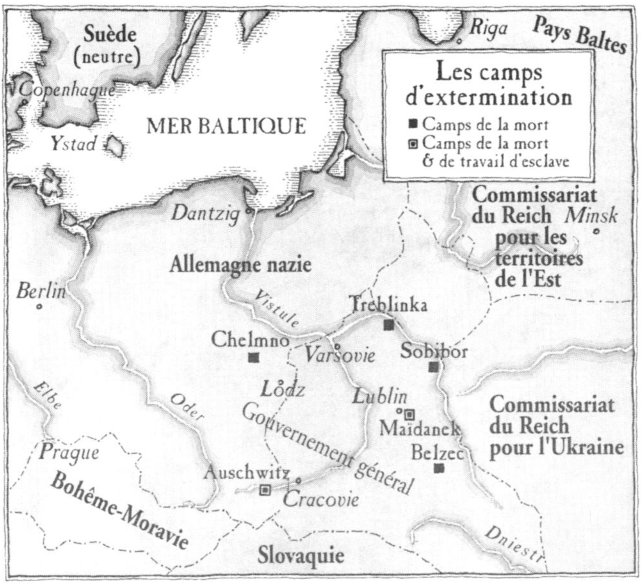

TREBLINKA : L'USINE DE MISE À MORT

L'arrivée à Treblinka. Le bâtiment des chambres à gaz est situé en dehors de l'image, à gauche derrière les arbres. À l'extrémité de la longue baraque de gauche commence le « Chemin du Ciel » (euphémisme typique inventé par les Allemands), conduisant aux chambres à gaz. Sur la grande place en plein air, la « brigade de tri » s'affaire près de la montagne d'effets personnels apportés par les victimes. On voit à l'arrière-plan la grande pelleteuse qui enlève les corps des victimes gazées pour les brûler. Près d'un million de personnes furent transportées

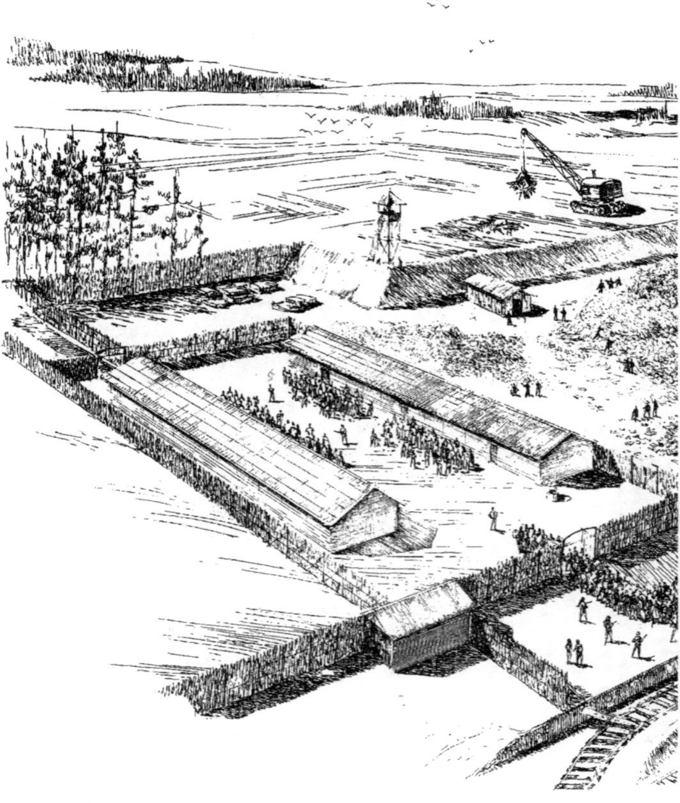

à Treblinka, mais une centaine seulement survécurent à la guerre. Le dessin est de Samuel Willenberg, un survivant de Treblinka. Il figure dans son livre, Révolte à Treblinka. *On l'obligea à couper les cheveux des femmes qu'on emmenait aux chambres à gaz. Il triait aussi les affaires des victimes avant leur réexpédition en Allemagne. Willenberg participa à la révolte de Treblinka, le 2 août 1943. Il s'évada, rentra à Varsovie, rejoignit le mouvement de résistance polonais et prit part à l'insurrection d'août 1944.*

Franz Stangl

On parle souvent, à propos des exécutants de la Shoah, de « bureaucrates de la mort », d'administrateurs de la « chaîne de mort ». Il convient néanmoins de prendre conscience d'un fait : « En fin de compte, écrit l'historien Christopher Browning, la Shoah fut possible parce que, au niveau le plus élémentaire, des êtres humains individuels mirent à mort d'autres êtres humains, en grand nombre et sur une longue période. »

Même les commandants des camps étaient des gens comme vous et moi. Franz Stangl dirigea d'abord Sobibor, puis Treblinka. Dans les années 1960 il fut arrêté au Brésil et extradé pour être jugé en Allemagne de l'Ouest, où on le reconnut coupable de l'assassinat de centaines de milliers d'êtres humains. Or, en même temps qu'il administrait les machines de mise à mort, il était un mari et un père. La citation suivante évoque un choix qui ne fut jamais fait, parce que, pendant la guerre, le problème ne fut jamais abordé. Une journaliste interviewa la femme de Stangl et lui posa cette question : « Pourriez-vous me dire [...] ce qui serait arrivé selon vous si, à un moment quelconque, vous aviez tenu tête à votre mari en lui intimant un choix absolu ; si vous lui aviez dit : "Voilà, je sais que le risque est terrible, mais ou bien tu te refuses à cette horreur, ou bien les enfants et moi nous te quittons." » Theresa Stangl répondit : « Je crois que si je [l'avais] mis en face de cette alternative : Treblinka ou moi... oui, pour finir, c'est moi qu'il aurait choisie. »

En réalité son mari choisit, délibérément, d'aider à assassiner plus d'un demi-million de personnes.

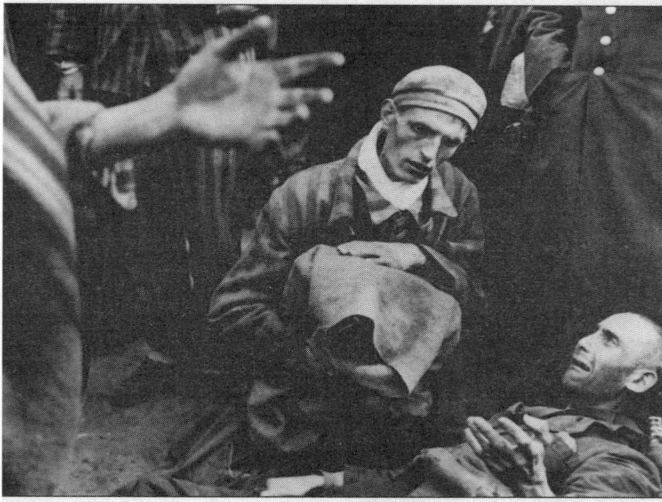

La mort par le travail

Les Allemands utilisèrent aussi une autre méthode pour tuer les prisonniers : « la mort par le travail ». Dans des conditions extrêmement dures, ils les obligèrent à effectuer un travail physique plus ou moins inutile. S'ajoutant à une grave malnutrition, à des conditions d'hygiène lamentables, à la brutalité des gardes et aux châtiments arbitraires pour de prétendues « infractions », même minimes, ce facteur entraîna un taux de mortalité très élevé chez les Juifs et les autres détenus dans les milliers de camps de concentration et de travail. Joseph Schupack fut détenu au camp de travail et de la mort de Maïdanek. Il décrit le « travail » humiliant au camp.

« Puis on allait au " travail ". On avait des chaussures de bois, et une volée de coups de bâton s'abattait sur nos épaules pour nous obliger à aller à un bout du champ et remplir tantôt nos casquettes, tantôt nos vestes, de pierres, de sable humide ou de boue ; ensuite, en les tenant à deux mains et en courant sous une nouvelle grêle de coups, il fallait les apporter à un autre bout du champ, déverser ce que nous avions, puis le reprendre et courir de nouveau à l'autre bout du champ, et ainsi de suite. Une double haie de SS et de prisonniers privilégiés (*Häftlingsprominenz*), armés de bâtons et de fouets, faisaient pleuvoir les coups sur nous. C'était l'enfer. »

« Ai assisté dehors pour
la première fois à 3 heures
du matin à une "action
spéciale" (Sonderaktion).
Par comparaison l'Enfer de Dante
me paraît presque une comédie.
Ce n'est pas sans raison qu'on appelle
Auschwitz le camp
d'extermination ! [...]
Ai participé à une "action spéciale"
avec des prisonnières du camp
des femmes. [...] L'horreur des horreurs.
Je suis d'accord avec le sergent-major
Thilo qui remarquait que nous
*nous trouvions ici dans l'*anus mundi
[le trou du cul du monde]. »

JOURNAL DE JOHANN P. KREMER, MÉDECIN SS
AU CAMP D'EXTERMINATION D'AUSCHWITZ-BIRKENAU,
2 ET 5 SEPTEMBRE 1942

Auschwitz-Birkenau

Pendant l'été 1940 les Allemands firent d'Auschwitz un camp de concentration pour les prisonniers politiques polonais. Situé près d'un important nœud ferroviaire, le camp devint vite un complexe gigantesque, regroupant une quarantaine d'unités différentes. Les plus connues sont Auschwitz I (Stammlager), Auschwitz II (Birkenau) et Auschwitz III (Monowitz). Les camps comptaient de nombreux médecins, dont beaucoup procédèrent à des expériences pseudo-médicales sur les prisonniers.

Les gazages en masse débutèrent à Auschwitz I à la fin de 1941, avant d'être étendus au printemps 1942 à Birkenau, où l'on reconvertit deux petites fermes en chambres à gaz rudimentaires. Les grands crématoires spécialement construits avec les techniques les plus modernes du moment (il y en avait quatre, tous pourvus de chambre à gaz) devinrent opérationnels à l'été 1943. L'énorme processus de mise à mort atteignit son point culminant au printemps et à l'été 1944, lorsque des travaux de réfection et des perfectionnements permirent aux crématoires de « traiter » jusqu'à 12 000 Juifs par jour, arrivés de Hongrie. Pendant cette période, trois ou quatre convois livrèrent tous les jours un chargement de 3 000 à 3 500 personnes. On en sélectionna environ un dixième pour le travail, les autres furent gazées sur-le-champ. Or, même améliorées, les installations ne permettaient pas de tenir la cadence, et plusieurs milliers de cadavres furent incinérés dans des fosses à ciel ouvert. Les derniers gazages eurent lieu en novembre 1944. Avant la libération du camp par l'armée soviétique en janvier 1945, les SS

Les photos de Birkenau dans ce livre

A. Partie nord de la rampe (p. 130-131)

B. Femmes et enfants devant le crématoire 2 (p. 132-133)

C. Femmes et enfants se dirigeant vers le crématoire 4 ou 5 (p. 136-137)

D. Femmes et enfants attendant d'être gazés (photo de couverture)

Les lieux et bâtiments importants du camp

1. Rampe de sélection

2. Crématoire 2 avec chambre à gaz souterraine

3. Crématoire 3 avec chambre à gaz souterraine

4. Crématoire 4 avec chambre à gaz

5. Crématoire 5 avec chambre à gaz et fosse d'incinération

6. « Le sauna » - enregistrement des prisonniers

7. « Canada » - tri des effets

8. Infirmerie

9. Camp des familles tsiganes

10. Camp des hommes

11. Camp des Juives hongroises

12. Camp des familles pour les Juifs de Theresienstadt

13. Camp des femmes

14. Baraquement des expériences médicales

15. « Porte de la mort » - point d'entrée des trains

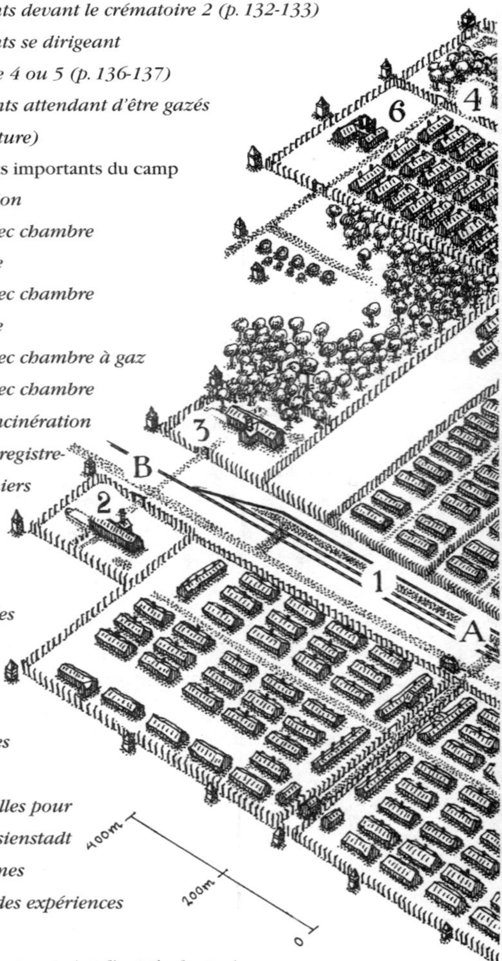

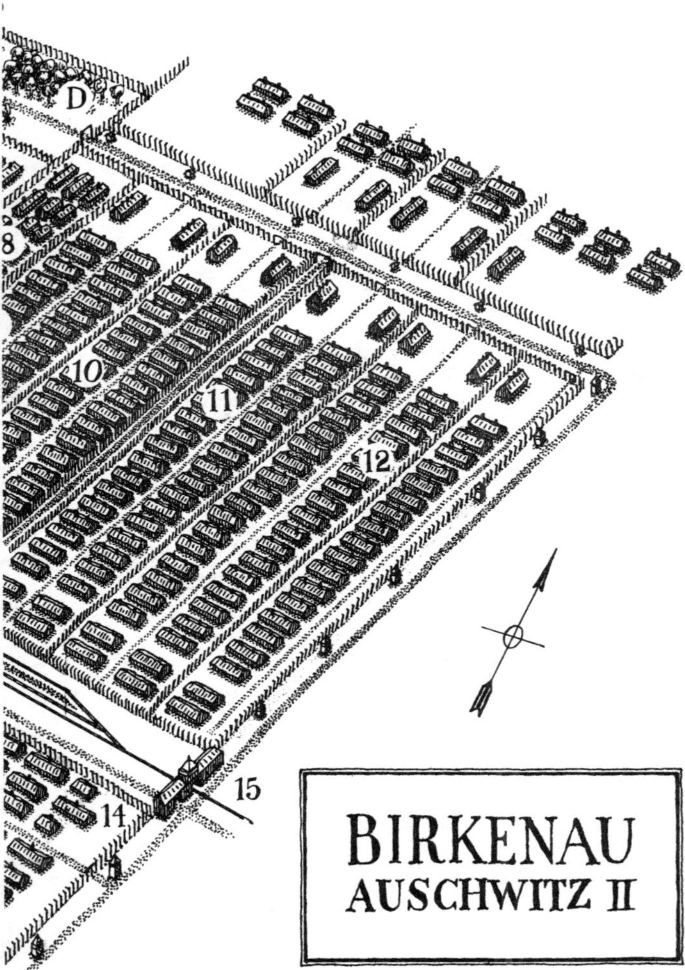
D
8
10
11
12
14
15
BIRKENAU
AUSCHWITZ II

Aussortierung

« La sélection ». Plusieurs photos, dont celle-ci, montrent comment s'effectuait le tri sur la rampe de Birkenau. Comme l'attestent les témoignages de nombreux survivants, c'est le moment où leur famille cessait à cet instant d'exister. Des médecins SS et d'autres officiers choisissent ceux qui iront au camp de travail. On voit, en haut de la photo, une colonne de « triés » composée principalement de femmes, d'enfants et de vieillards. Ils se dirigent vers la chambre à gaz du crématoire 2.

démantelèrent les crématoires et les firent sauter. On peut en voir les ruines aujourd'hui. Au moins 1 million de Juifs de l'Europe entière périrent à Auschwitz. On y assassina aussi 75 000 Polonais, 21 000 Tsiganes, 15 000 prisonniers de guerre soviétiques et 15 000 autres détenus de nationalités diverses. Le camp fit au moins 1,1 million de victimes.

Nicht mehr einsatzfähige Frau

Femmes et enfants « inaptes » devant la grille du crématoire 2. Il leur reste environ une heure à vivre. Avant la fin du jour ces femmes et ces enfants auront été asphyxiés et réduits en cendres – produit final d'un processus industriel minutieusement planifié. Depuis l'endroit où ils se tiennent, ils longeront un petit jardin, puis descendront une volée de marches jusqu'à une grande pièce. Là, on leur ordonnera de se déshabiller, ensuite ils pénétreront dans la chambre à gaz attenante qui peut contenir jusqu'à 2 000 personnes. La porte massive se refermera, on éteindra les lumières et les cristaux de zyklon B imprégnés d'acide prussique tomberont. Après aération de la salle, des brigades de prisonniers juifs, les Sonderkommandos, *enlèveront les cadavres pour les incinérer dans le crématoire du bâtiment ou dehors, en plein air. Parfois, la totalité du processus ne prenait pas plus d'une heure ou deux.*

Les 200 photos de Birkenau

Officiellement, il était interdit de prendre des photos de la « solution finale », mais beaucoup passèrent outre, en particulier dans le cas de fusillades de masse. Les soldats envoyaient ces photos chez eux ou les rapportaient pendant leurs permissions pour les montrer à leurs amis ou à leurs relations. Toutefois il ne reste que très peu de photos des camps de la mort.

C'est pourquoi l'album intitulé *Umsiedlung der Juden aus Ungarn* (La transplantation des Juifs de Hongrie) constitue un document exceptionnel. Il fut découvert dans un camp de concentration après la guerre. Les photos datent presque sûrement de la fin de mai ou du début de juin 1944, lorsque les convois arrivant de Hongrie se multiplièrent. On ignore par qui elles furent prises. Elles étaient classées par ordre chronologique et précédées de titres calligraphiés avec soin. Le premier indique : « Arrivée d'un convoi ». Viennent ensuite, parmi d'autres et dans l'ordre : « Sélection », « Hommes encore aptes au travail », « Femmes encore aptes au travail », « Hommes inaptes », « Femmes et enfants inaptes », « Affectation au camp de travail » et, enfin, « Les effets personnels ». Sous cette rubrique figurent des photos d'énormes tas de bagages, chaussures, vêtements, etc. Les deux dernières photos de l'album montrent un crématorium situé dans un camp de concentration moins important. Les femmes et les hommes « aptes » sont jeunes et forts. Les « inaptes » sont les vieillards, les handicapés, les enfants et les femmes accompagnées d'enfants. On les conduisait

« Cinq par cinq ils prennent la rue
de l'arrivée. C'est la rue du départ mais
ils ne le savent pas. C'est la rue qu'on ne
prend qu'une fois.
Ils marchent bien en ordre – qu'on ne puisse
rien leur reprocher.
Ils arrivent à une bâtisse et ils soupirent.
Enfin ils sont arrivés.
Et quand on crie aux femmes
de se déshabiller elles déshabillent les enfants
d'abord en prenant garde
de ne pas les réveiller tout à fait.
Après des jours et des nuits de voyage,
ils sont nerveux et grognons
et elles commencent à se déshabiller devant
les enfants, tant pis,
et quand on leur donne à chacune
une serviette elles s'inquiètent : est-ce que
la douche sera chaude parce
que les enfants prendraient froid,
et quand les hommes par une autre porte
entrent dans la salle de douche nus aussi
elles cachent les enfants contre elles.
Et peut-être alors tous comprennent-ils. »

CHARLOTTE DELBO

Femmes et enfants entamant à pied le trajet de 1,5 km jusqu'au crématoire 4 ou 5, à Auschwitz-Birkenau. On aperçoit à l'arrière-plan des fourgons de marchandises sur la rampe.

directement aux chambres à gaz. La photo de couverture du livre ainsi que la plupart de celles de ce chapitre font partie des rubriques « Sélection » et « Femmes et enfants inaptes ».

Les 600 garçons

Salmen Lewenthal faisait partie du *Sonderkommando*, la « brigade spéciale » de prisonniers chargés de l'« entretien » des chambres à gaz. Le 20 octobre 1944, il assista à la scène qu'il rapporta dans un manuscrit enterré près des crématoires et retrouvé en 1961.

« En plein jour on amena 600 garçons juifs âgés de douze à dix-huit ans. Ils portaient des uniformes de prisonniers, longs, très peu épais, ils avaient aux pieds des souliers usés ou des galoches. [...] Quand ils arrivèrent sur la place, le commandant leur ordonna de se déshabiller. Les garçons remarquèrent la fumée qui sortait de la cheminée et comprirent aussitôt qu'on allait les mettre à mort. Ils se mirent à courir en tous sens sur la place, fous de désespoir, et ils s'arrachaient les cheveux sans savoir par où s'enfuir. Beaucoup éclatèrent en sanglots incontrôlables, hurlant des appels au secours qu'on pouvait entendre de très loin.

« Les garçons se déshabillèrent avec une peur instinctive de la mort. Entièrement nus, ils se pressèrent les uns contre les autres pour éviter les coups et restèrent là, dans une immobilité absolue. Un garçon courageux alla trouver le commandant – qui se tenait près de nous – et lui demanda de lui laisser la vie sauve, lui promettant d'effectuer tous les travaux les plus durs. Pour sa peine, il reçut des coups de trique sur la tête.

« Beaucoup de garçons se précipitèrent vers les Juifs du "commando spécial", se jetèrent à leur cou et les supplièrent de les sauver. D'autres couraient, nus, dans tous les sens sur la grande place (pour éviter la mort). Le commandant appela à la rescousse un sergent SS armé d'un gros gourdin.

« Le bruit des voix d'enfants, claires, juvéniles, augmentait de minute en minute, jusqu'au moment où il se changea en pleurs désespérés. On entendait cette terrible plainte de très loin. Nous restions figés, cloués sur place par les pleurs et les gémissements. Les SS souriaient d'un air satisfait, sans montrer le moindre signe de compassion ; on aurait dit des guerriers fiers de leur victoire tandis qu'ils les dirigeaient vers les bunkers en leur assenant des coups terribles. [...]

« Quelques garçons continuaient à courir sur la place et tentaient de s'enfuir. Les SS les pourchassèrent, frappant au hasard, jusqu'au moment où ils redevinrent maîtres de la situation et les firent enfin tous entrer dans le bunker. Leur joie était indescriptible. N'avaient-ils donc jamais eu d'enfants ? »

Travailler en enfer

Le *Sonderkommando* (brigade spéciale) était un groupe de prisonniers juifs que les Allemands forçaient à effectuer le travail le plus effroyable. Ces hommes vivaient à l'écart de tous les autres prisonniers et du monde extérieur. Leur « travail », qu'ils effectuaient sans répit jusqu'au jour où eux-mêmes étaient tués et remplacés par un nouveau groupe de « morts vivants », consistait à vider les chambres à gaz, ouvrir la bouche des morts pour arracher les dents en or, couper les cheveux des mortes et incinérer ensuite les cadavres dans les fours ou les fosses. Un survivant expliqua plus tard : « Bien sûr, j'aurais pu me tuer ou me faire tuer, mais je voulais survivre pour me venger et pour porter témoignage. Il ne faut pas croire que nous sommes des monstres : nous sommes comme vous, simplement bien plus malheureux. »

Primo Levi, rescapé d'Auschwitz, écrivit plusieurs livres sur ce qu'il avait vécu. Il déclarait : « Avoir conçu et organisé les brigades spéciales a été le crime le plus démoniaque du national-socialisme. [...] Au moyen de cette institution, on tentait de déplacer sur d'autres, et spécialement sur les victimes, le poids de la faute, de sorte que, pour les soulager, il ne leur restait même pas la conscience de leur innocence. » Levi estimait que le *Sonderkommando* avait en réalité un sens pour les nazis : « Nous, le peuple des Seigneurs, nous sommes vos destructeurs, mais vous n'êtes pas meilleurs que nous ; si nous le voulons, et nous le voulons, nous sommes capables de détruire non seulement vos corps, mais aussi vos âmes, comme nous avons détruit les nôtres. » Ceux qui acceptent le nazisme et en font leur guide, pensait Levi, ont accepté une corruption profonde et inévitable de l'âme.

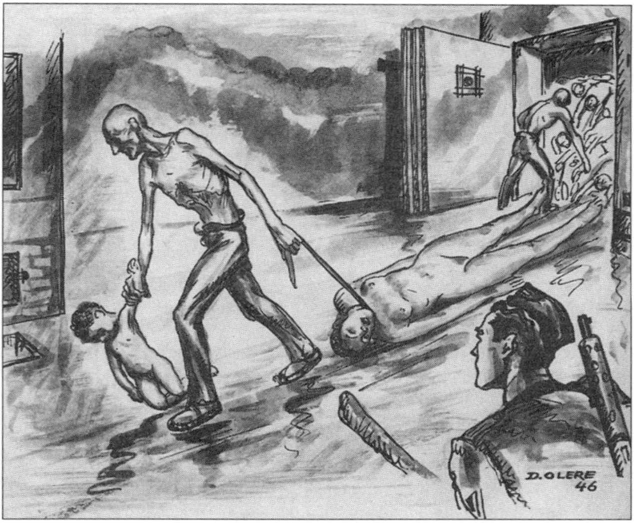

L'ouverture d'une chambre à gaz. Il s'agit d'un dessin, parmi d'autres, du Sonderkommando *français David Olère, qui réussit à survivre. Olère l'exécuta un an après la fin de la guerre.*

«Et tout le jour
et toute la nuit
tous les jours
et toutes les nuits
les cheminées fument
avec ce combustible
venu de tous les pays
d'Europe.»

CHARLOTTE DELBO

L'insurrection du ghetto de Varsovie

Malgré des conditions de vie inhumaines et des chances de succès inexistantes, les prisonniers du ghetto de Varsovie se révoltèrent à deux reprises. Le témoignage suivant raconte la seconde insurrection, au printemps 1943. La photo montre des combattants de la résistance faits prisonniers. Peu réussirent à s'enfuir. Simcha Rottem raconte son évasion.

« Pendant les trois premiers jours de combat, ce sont les Juifs qui eurent le dessus. Les Allemands ont immédiatement reflué vers la sortie du ghetto, emportant des dizaines de blessés. Dès cet instant, toute leur action était uniquement lancée de l'extérieur, par des attaques aériennes et par l'artillerie. Nous ne pouvions pas résister aux attaques aériennes ni surtout à leur tactique qui consistait à mettre le feu au ghetto. Le ghetto n'était que feu et flammes. [...] Je crois que le langage humain est incapable de décrire l'horreur que nous avons connue dans le ghetto. Dans les rues du ghetto, si nous pouvons encore employer le mot de rue, parce qu'il ne restait plus de rues, nous étions obligés d'enjamber des monceaux de cadavres qui s'entassaient les uns sur les autres. Nous n'avions plus de place pour passer et, en dehors de la lutte contre les Allemands, nous luttions contre la faim, contre la soif, nous n'avions aucun contact avec le monde extérieur, nous étions complètement isolés et coupés du monde.

« Nous étions dans un tel état que nous avions fini par cesser de voir la signification même de la poursuite de la lutte. Nous avons pensé tenter une percée vers le côté aryen de Varsovie, en dehors du ghetto. [...]

« Le matin très tôt, nous nous sommes retrouvés soudain dans la rue en plein jour. Imaginez ce 1er mai ensoleillé, où nous étions stupéfaits de nous trouver là au milieu de gens normaux, dans la rue, nous qui sortions d'une autre planète. [...]

« Il y avait toujours autour du ghetto des Polonais très suspicieux qui attrapaient des Juifs. Par miracle, nous avons réussi à leur échapper. Du côté aryen de Varsovie, la vie continuait de la façon la plus naturelle et la plus normale, comme par le passé. Les cafés fonctionnaient normalement, les restaurants, les autobus, les trams, les cinémas étaient ouverts. Le ghetto était une île isolée au milieu de la vie normale. »

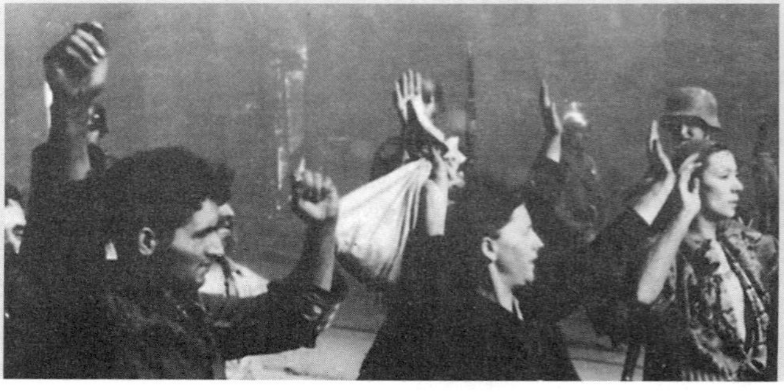

La résistance et le sauvetage

Un des mythes les plus tenaces à propos de la Shoah veut que des millions de Juifs soient allés « comme des moutons à l'abattoir », sans résister. Or il existe, au sens littéral, des milliers d'exemples de résistance. Ceux qui voulurent résister, souvent les jeunes, se heurtaient à un terrible dilemme. Ils mettaient en jeu non seulement leur vie, mais celles de leurs parents, de leurs frères et sœurs, d'enfants, voire de centaines de voisins. Ceux qui étaient affectés au travail obligatoire en équipe savaient que s'ils réussissaient à s'échapper, leur évasion signifiait la mort presque assurée pour leurs camarades. Même les détenus des camps de la mort, conscients du peu de temps qui leur restait à vivre, eurent du mal à mettre en place des structures de résistance active. De l'insurrection du ghetto de Varsovie et des coups de main des partisans et maquisards juifs contre les soldats allemands en Europe de l'Est et de l'Ouest à ce qu'on appelle parfois la résistance « non armée », de nombreux Juifs se dressèrent contre la force écrasante de leurs assassins. Même dans les camps, les prisonniers juifs et non juifs résistèrent et se révoltèrent contre leurs geôliers. On considère parfois l'évasion comme une forme de résistance. Or les Allemands réprimèrent avec une violence démesurée,

> *« Tout pouvait être de la résistance, parce que tout était interdit. Toute activité donnant l'impression que le prisonnier conservait une part de son ancienne personnalité et individualité était de la résistance. »*
>
> **ANDREA DEVOTO, PSYCHIATRE ITALIEN**

absolue, toutes les tentatives de résistance ou d'évasion, imposant chaque fois un châtiment collectif effroyable.

La décision de la grande majorité de ceux qui résistèrent tint essentiellement à leur volonté de vivre, ou du moins de mourir dans la dignité. On le voit dans l'appel aux armes lancé par l'« Organisation juive de combat » à Varsovie en janvier 1943 : « Sachez que le salut n'est pas dans la marche passive vers la mort, comme des moutons à l'abattoir. Il est dans une conduite bien plus glorieuse : la guerre ! Celui qui se défend a une chance d'être sauvé ! Celui qui cesse de se défendre dès l'attaque a déjà perdu ! Il n'a plus rien à attendre sinon une mort hideuse dans la machine à asphyxier de Treblinka. Éveillons-nous à la guerre ! [...] Nous aussi étions appelés à vivre ! Nous aussi avons le droit de vivre ! [...] Éveillons-nous et battons-nous pour notre vie ! »

Des unités de résistance plus ou moins importantes se formèrent dans une centaine de ghettos d'Europe de l'Est. Les groupes de partisans opérant dans les forêts d'Europe de l'Est effectuèrent un efficace travail de harcèlement. Jusqu'à 20000 Juifs combattirent dans ces groupes, certains installèrent même des « camps de familles » dans les immenses forêts. En Europe de l'Ouest les maquisards juifs jouèrent un rôle actif dans les mouvements de résistance français et belges. Beaucoup de ces groupes cachèrent des Juifs. En Pologne, en Hollande et en France, un petit nombre d'enfants juifs parvinrent à se réfugier dans des monastères ou auprès de familles chrétiennes. Beaucoup reçurent une éducation chrétienne, perdant souvent leur identité juive. Les Allemands punissaient sévèrement toute personne surprise à cacher des Juifs, acte passible de la peine de mort en Pologne, mais certains acceptaient pourtant de courir le risque, pour de l'argent ou par principe.

Une autre forme de résistance consista à faire sortir clandestinement les Juifs des zones contrôlées par les nazis. C'était une entreprise dangereuse car même les pays limitrophes de l'Allemagne, comme la Suisse, fermèrent le plus souvent leurs frontières aux Juifs qui tentaient de fuir. La Suisse refoula même des Juifs qui avaient réussi à passer la frontière et se croyaient en sécurité. Certains Juifs, principalement d'Europe de l'Est, gagnèrent la Palestine par des voies indirectes, d'autres se réfugièrent dans des pays encore plus lointains. Plusieurs milliers d'entre eux allèrent jusqu'à Shanghai. Le Japon, allié de l'Allemagne pendant la guerre, contrôlait la ville mais ne partageait pas la haine idéologique des nazis envers les Juifs.

L'insurrection du ghetto de Varsovie

Après la déportation massive à Treblinka de plus de 260 000 Juifs du ghetto de Varsovie à la fin de l'été 1942, les membres des groupes de résistance juive encore présents décidèrent d'organiser la résistance armée. Il n'y avait pas d'autre choix. Lorsqu'ils entrèrent dans le ghetto le 18 janvier 1943 pour emmener les derniers habitants, les soldats allemands furent accueillis par une fusillade. Il y eut des morts parmi eux. Les Allemands raflèrent 6 000 Juifs affamés mais se retirèrent en état de choc. Pendant plusieurs mois, ils se tinrent à distance du ghetto. Les combattants juifs profitèrent de ce répit pour tenter de rassembler d'autres armes car ils savaient la bataille inévitable.

*« Puis il dit en russe : "Camarades,
c'est le plus beau jour de ma vie
car je n'ai jamais vu autant
de personnes soustraites au ghetto !
[...] Je ne vous promets rien,
nous serons peut-être tués alors
que nous essayons de vivre.
Mais nous ne ménagerons pas nos
efforts pour sauver d'autres vies.
Nous, nous ne trions pas,
nous n'éliminons pas les vieillards,
les enfants, les femmes.
La vie est difficile, nous sommes
constamment en danger,
mais si nous périssons,
si nous mourons, nous mourrons
comme des êtres humains." »*

MOSHE BAIRACH,
MEMBRE DU CAMP
DE FAMILLES DE BIELSKI

Des partisans dans la forêt

Tuvia Bielski était un jeune Juif polonais qui entra dans la clandestinité quand les Allemands occupèrent son pays. Il finit par réunir un groupe de camarades dans les forêts de l'ouest de la Biélorussie. Bielski décida que le groupe ne devait pas seulement se défendre, mais aussi aider activement d'autres Juifs. On appela bientôt ce groupe de combat « les partisans de Bielski ». À la Libération, en 1944, jusqu'à 1 200 hommes, femmes et enfants vécurent sous la protection des combattants. En décidant de secourir des Juifs avant de harceler les Allemands, ils contribuèrent à la survie de la collectivité. D'autres camps de familles semblables à celui-ci survécurent à l'occupation allemande, dans les forêts de Pologne orientale et dans des régions de l'ouest de l'Union soviétique.

Dans la citation de la page 146, Moshe Bairach rapporte ce que Bielski dit à son groupe quand ils se rejoignirent dans les bois.

Ils réussirent à se procurer plusieurs fusils, une centaine de revolvers et une mitrailleuse, ainsi que quelques grenades et bombes de confection artisanale. En attendant l'attaque, 800 hommes et femmes installèrent des postes de combat, des abris et des cachettes. La bataille finale débuta le 19 avril, quand les soldats allemands pénétrèrent de nouveau dans le ghetto.

« Ne dis jamais que c'est le bout du chemin,
bien que le ciel menaçant assombrisse
le jour bleu.
Le jour dont nous avons rêvé viendra,
nos pas répondront : Nous sommes là ! »

Hirsch Glik (1920-1943) rejoignit les partisans du ghetto de Vilnius en 1943. Inspiré par l'insurrection du ghetto de Varsovie, il écrivit **Sog nit kejnmol !** ***qu'on appela bientôt « le chant des partisans juifs ».***

« À quatre heures de l'après-midi exactement,
on envoie des émissaires aux groupes avec l'ordre
de venir immédiatement au garage recevoir
des armes. Rodak, de Plock, est chargé
de les distribuer. Tous ceux qui viennent recevoir
une arme doivent donner le mot de passe :
La mort ! À quoi on répond : La vie ! La mort –
la vie ; la mort – la vie. Le message ardent
se répète, un mot contre un autre, les mains
se tendent pour saisir les fusils, les pistolets,
les grenades tant désirés.
Au même moment on se précipite
sur les principaux assassins du camp. [...]
Le capitaine Zelomir attaque deux gardes SS
à la hache et se fraie un passage jusqu'à nous.
Il prend le commandement. Près du garage
stationne une voiture blindée allemande
dont Rodak a immobilisé à temps le moteur.
La voiture lui sert maintenant d'abri, il tire
sur les Allemands. Il touche le Sturmführer
Kurt Meidlar et plusieurs chiens de Hitler.
Le groupe de Sodovitz s'empare de l'armurerie.
On répartit les armes entre les camarades.
Nous avons 200 hommes armés. Les autres attaquent
les Allemands à coups de hache, de pelle
et de pioche. [...] La plupart de nos guerriers
tombent, mais les Allemands tombent aussi.
Nous sommes peu à être encore en vie. »

STANISLAW KON, SURVIVANT AYANT PARTICIPÉ
À L'INSURRECTION DE TREBLINKA

Même avec l'appui de tanks, les Allemands et leurs auxiliaires durent se replier. L'intensité de la résistance les força à changer de tactique et à utiliser l'artillerie et les attaques aériennes. Le sixième jour de l'insurrection, Mordechaï Anielewicz, un de ses chefs, écrivit : « Une chose est claire : les événements ont dépassé nos espoirs les plus fous. Les Allemands ont fui le ghetto à deux reprises. [...] Nos pertes sont minimes. »

Mais les Allemands disposaient de forces écrasantes et ils entreprirent d'incendier systématiquement chaque pâté de maisons, obligeant ceux qui s'y cachaient à sortir dans la rue, où ils étaient abattus ou faits prisonniers. L'insurrection du ghetto continua pendant quatre semaines. Un combattant survivant écrivit : « Nous résistâmes ; cela rendit la mort plus facile et notre sort plus supportable. »

Les révoltes dans les camps de la mort

Les tentatives de résistance les plus courageuses et les plus désespérées se déroulèrent dans trois camps d'extermination. Les prisonniers juifs se savaient voués à la mort et étaient conscients qu'elle pouvait survenir à tout instant. Chaque évasion réussie déclenchait une furieuse chasse à l'homme. Des révoltes éclatèrent néanmoins à Treblinka pendant le mois d'août 1943, à Sobibor en octobre de la même année, et à Auschwitz-Birkenau en octobre 1944.

La révolte de Treblinka éclata dans l'après-midi du 2 août. Certains prisonniers ayant réussi à se procurer quelques armes, d'autres détenus attaquèrent les gardes avec des haches, des pelles et leurs mains nues. Des bâtiments du camp furent incendiés et, dans la confusion générale, plus de sept cents prisonniers s'évadèrent. La plupart d'entre eux furent vite repris et tués. Moins d'une centaine d'entre eux survécurent à la révolte et à la guerre. Les chambres à gaz fonctionnèrent sans discontinuer pendant deux semaines.

La révolte de Sobibor, le 14 octobre, fut la mieux organisée. De nombreux SS et auxiliaires ukrainiens périrent. Sur les 550 prisonniers présents au camp ce jour-là, 320 parvinrent à s'enfuir, parmi lesquels 170 furent repris et tués. Environ cinquante Juifs réussirent à survivre jusqu'à la fin de la guerre. Le camp ne reprit jamais son activité.

À l'automne 1944, les tueries massives s'étaient ralenties à Birkenau. Aussi les survivants du *Sonderkommando* savaient-ils que leurs jours étaient comptés. Le 7 octobre ils firent sauter le crématoire 4 avec des explosifs introduits clandestinement par des détenues. Pour autant qu'on sache, personne ne survécut à la révolte. Peu après le chef SS Himmler ordonna le démantèlement et la destruction des autres chambres à gaz.

La résistance civile allemande

Bien que l'Allemagne nazie fût un État totalitaire, les citoyens allemands purent lui opposer de nombreuses formes de résistance. La résistance passive, c'est-à-dire la décision de ne pas soutenir le régime et ses crimes, n'attira pas de sanctions. Seule la résistance active suscita la réaction brutale de la Gestapo, qui compta sur l'aide effective de dizaines de milliers d'Allemands pour exercer la terreur avec tant d'efficacité. Sans leurs dénonciations, elle n'y serait pas parvenue.

Le mouvement de jeunes résistants, les Pirates de l'Edelweiss, combattit la Jeunesse hitlérienne. Un grand nombre d'entre eux furent pendus à Cologne en novembre 1944. Voici un de leurs chants de combat :

Le pouvoir de Hitler peut nous mettre à terre
Et nous enchaîner,
Mais un jour nous briserons les chaînes.
[...]Et briserons la Jeunesse hitlérienne.
Nous sommes les Pirates de l'Edelweiss.

Dans quelle mesure exactement l'Allemand moyen savait-il qu'on assassinait les Juifs, le débat reste ouvert ; mais une grande partie de la population ordinaire en avait une connaissance diffuse. Néanmoins, peu d'Allemands ont protesté.

Les témoins de Jéhovah étaient des citoyens qui avaient résolu ouvertement de ne pas soutenir le régime, un choix qui leur valut un châtiment rigoureux. Ils refusèrent de prêter serment d'allégeance à l'Allemagne nazie et à Hitler. Pour eux, il n'y avait qu'un seul Dieu, le leur. De plus, ils refusaient de porter les armes. Cette résistance est exceptionnelle car il leur aurait suffi de signer un document déclarant leur allégeance pour cesser d'être persécutés. Or, très peu d'entre eux le firent. Sur près de 20 000 témoins de Jéhovah, plusieurs milliers furent envoyés en camp de concentration. On estime que 25 % des membres de ce groupe périrent aux mains des nazis.

Quelques jeunes Allemands refusèrent l'affiliation obligatoire à la Jeunesse hitlérienne et manifestèrent contre le régime. Des groupes comme les Pirates de l'Edelweiss et les « Swing Kids » (qui contestaient le régime en écoutant de la musique de jazz américaine et en dansant sur ces rythmes) subsistèrent pendant tout le régime. Au début, les nazis hésitèrent sur l'attitude à adopter à leur égard, malgré les échauffourées qui opposaient souvent les « Pirates » à la Jeunesse hitlérienne. À l'automne 1944 le gouvernement s'en prit à plusieurs fractions contestataires, et arrêta et pendit plusieurs de leurs chefs.

Le mouvement de la Rose blanche opéra à Munich et dans d'autres villes de juin 1942 à février 1943. Ce petit groupe était dirigé par Sophie et Hans Scholl, qui étaient frère et sœur, aidés d'un de leurs professeurs à l'université, Kurt Huber. Ils distribuaient des tracts appelant les étudiants à condamner les nazis et à manifester contre l'élimination des Juifs. Ils furent arrêtés par la Gestapo, jugés et exécutés. Un membre du groupe, Alexander Schmorell, écrivit dans sa dernière lettre : « Nous avons combattu le régime allemand avec Hans, nous avons été trahis et condamnés à mort. »

La manifestation de la Rosenstrasse

En mars 1943, une des manifestations les plus étonnantes contre le régime nazi se déroula au grand jour dans les rues de Berlin. Durant toute la guerre le gouvernement hésita à déporter des Juifs mariés à des non-Juives de crainte qu'elles ne descendent dans la rue. Or ces Juifs, qui vivaient plus ou moins ouvertement à Berlin, irritaient au plus haut point le ministre de la Propagande et *Gauleiter* de Berlin, Joseph Goebbels, qui finit par ordonner l'arrestation et la déportation de ces Berlinois.

Les craintes des nazis se trouvèrent justifiées, car les femmes refusèrent qu'on leur enlève leurs maris. Elles défièrent la Gestapo et les SS et manifestèrent par milliers dans la rue, devant l'immeuble où ils étaient retenus. Une des manifestantes, Charlotte Israel, dont le mari avait été arrêté, raconta plus tard comment les choses s'étaient passées. « Assassins ! » criaient les femmes aux gardes. « Nous n'avons pas crié juste une fois, mais encore et encore, jusqu'à être à bout de souffle. » La manifestation réussit et la plupart des femmes récupérèrent leur mari. Parmi les rares Juifs allemands qui survécurent à la guerre, presque tous étaient mariés à des non-Juives.

Deux enfants juifs allemands à leur arrivée en Angleterre en 1938. En raison de la difficulté d'obtenir pour toute une famille des visas d'entrée dans des pays sûrs, de nombreux parents prirent la décision douloureuse de mettre leurs enfants en sécurité en les laissant partir sans eux. Après la « Nuit de cristal » certains pays assouplirent leurs restrictions à l'entrée des réfugiés juifs sur leur territoire, en particulier des enfants. Très peu de ces familles furent réunies après la guerre.

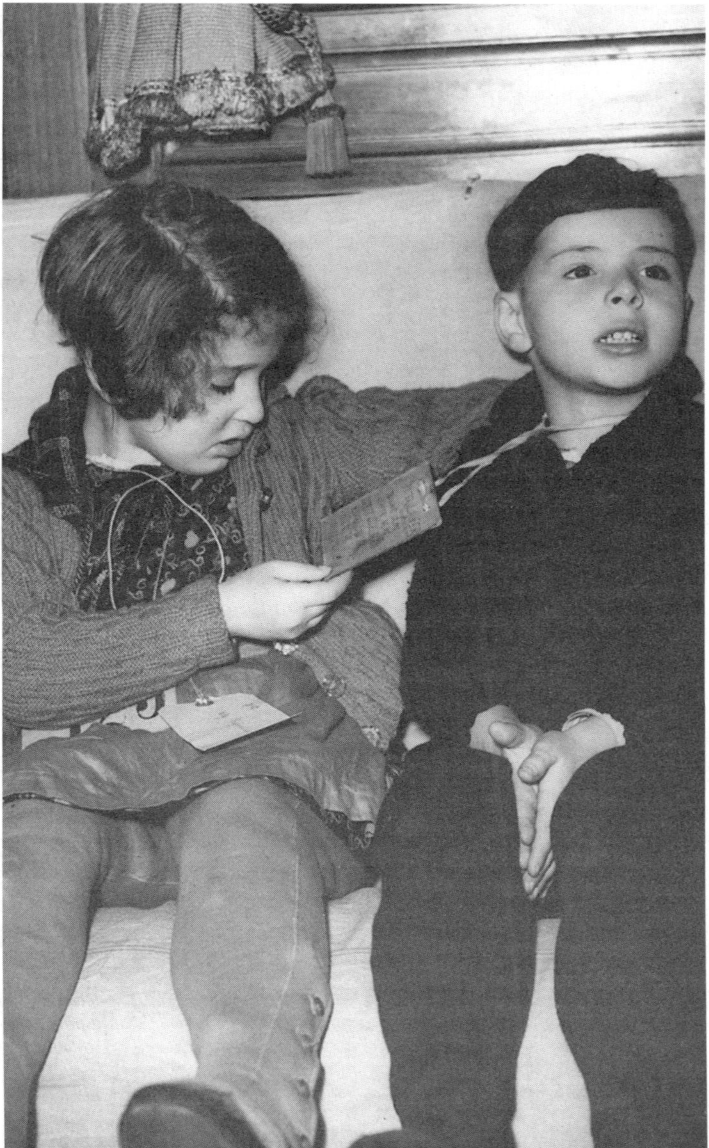

Le diplomate suédois Raoul Wallenberg à son bureau, à Budapest. Son arrivée dans cette ville en juillet 1944 relança les efforts diplomatiques en cours pour secourir les Juifs. D' Uppsala, le 25 mai, le Dr L. Porszolt adressa la lettre suivante au ministère suédois des Affaires étrangères après avoir appris que ses parents avaient bénéficié de l'aide suédoise : « [...] permettez-moi d'exprimer mes remerciements sincères à UD et à la légation suédoise de Budapest pour leur appui sans réserve et leur

diligence. Cette lettre de protection servira notamment, en toutes circonstances, à atténuer les craintes de mes parents et à leur apporter un réconfort moral. Pour les gens qui se trouvent dans la même situation, le sentiment d'être soutenus par un État européen a presque autant d'importance que la vie elle-même. »
Wallenberg fut arrêté par l'Armée rouge en janvier 1945 et ne regagna jamais la Suède. On ignore toujours quel fut exactement son sort.

« Les habitants du Reich savaient, semble-t-il, autant (au moins quant au meurtre de leurs concitoyens allemands) ou aussi peu (au moins quant au meurtre de leurs concitoyens juifs) qu'il leur convenait de savoir. Ce qu'ils ne savaient pas, ils ne voulaient pas le savoir, et pour des raisons évidentes. Mais ne pas vouloir savoir signifie toujours en savoir assez pour ne pas vouloir en savoir davantage. »

J. P. STERN, HISTORIEN BRITANNIQUE ET TÉMOIN OCULAIRE

Lorsque les armées alliées libérèrent les camps de concentration en Allemagne (l'armée soviétique libéra les camps de la mort dans l'Est), les soldats furent si indignés et révoltés par ce qu'ils découvrirent qu'ils obligèrent souvent la population locale à enterrer les milliers de cadavres. Ici, des civils de Weimar, gardés par des soldats américains, transportent à travers la ville les dépouilles des prisonniers d'un camp de concentration pour les inhumer.

Les témoins

LES HISTORIENS de la Shoah répartissent les principaux acteurs historiques de la catastrophe en trois grandes catégories : les exécuteurs, les victimes, les témoins. Les décisions prises par ceux de la troisième catégorie posent souvent les problèmes les plus graves du point de vue moral. Qui tenir pour responsable de ne pas avoir pris les mesures nécessaires, de ne pas avoir admis des faits dont on avait connaissance ? Certains critiques dénoncent avec intransigeance la passivité des témoins, dans laquelle ils voient une forme de participation au meurtre. Or de tels jugements, si tant est qu'il faille les porter, exigent une grande prudence.

Les démocraties occidentales, les « témoins » comme on les appelle souvent, reçurent pendant la guerre de nombreux appels leur demandant de venir au secours des Juifs. Mais incombait-il aux pays et aux groupes ainsi qualifiés d'aider les Juifs d'autres nationalités ? La réponse était loin d'être claire dans les années 1940, et beaucoup d'opinions divergentes se faisaient entendre.

L'Union soviétique luttait pour sa vie et ne pouvait être d'un grand secours. Or, pendant la guerre, elle ne persécuta pas ses Juifs ni ceux d'autres pays.

L'attitude du Vatican suscite toujours un grand débat et les réactions de ses représentants varièrent considérablement. De nombreux prêtres aidèrent à cacher des enfants juifs, tandis que d'autres facilitèrent la fuite des nazis hors d'Europe après la

« [La culpabilité] est imputable aux nazis. [...] Mais ne peut-on nous tenir pour responsables si, ayant le pouvoir de faire quelque chose pour sauver les victimes, nous ne prenons pas les mesures nécessaires, et vite ? [...]
S'ils étaient déterminés à mettre en place un programme de sauvetage à la mesure, d'une façon ou d'une autre, de l'ampleur des besoins, les gouvernements britannique et américain auraient la capacité de le faire. »

GEORGE BELL,
ÉVÊQUE DE CHICHESTER, 18 MAI 1943

guerre. Le rôle du pape Pie XII reste très controversé. À Budapest, son représentant Angelo Rotta porta secours à des milliers de Juifs, tandis qu'en Slovaquie le prêtre Josef Tiso, chef du gouvernement, collabora à la déportation de dizaines de milliers de ses compatriotes juifs vers les chambres à gaz d'Auschwitz.

Au lendemain de la mise en œuvre de la solution finale en Norvège, à la fin de 1942, des diplomates suédois comprirent que la citoyenneté suédoise pouvait protéger certains Juifs. Dans la pratique, cette protection s'étendit même à de nombreux Juifs non suédois. Ainsi, à Oslo, Berlin, Vichy ou Budapest, des diplomates commencèrent à négocier avec les autorités allemandes. Ils prétendaient s'intéresser, pour des raisons politiques, au sort de certains Juifs. À Budapest notamment, en 1944, des diplomates comme Ivan Danielsson, Per Anger et le plus célèbre de tous, Raoul Wallenberg, aidèrent de différente manière de 20 000 à 30 000 Juifs. Cette « résistance bureaucratique » montra que même les fonctionnaires pouvaient s'opposer à la politique raciale des nazis. En maintenant de bonnes relations avec l'Allemagne nazie, la Suède, pays neutre, se protégea de la guerre, tout en exportant vers l'Allemagne son acier et ses produits dérivés, indispensables à l'économie de guerre. Devant des réactions si différentes, il est difficile de tirer des conclusions globales. L'appréciation du comportement des témoins demeure un sujet sensible.

« J'ai appris par l'exemple de mes parents [favorables au parti national allemand] qu'on pouvait avoir des opinions antisémites tout en gardant de bonnes relations personnelles avec des Juifs. On peut voir une trace d'ouverture d'esprit dans cette attitude, mais c'est justement à cette confusion que j'impute le fait d'avoir pu me vouer plus tard, corps et âme, à un système politique inhumain sans mettre en doute mon honnêteté en tant qu'individu.
En prêchant que tous les maux des nations venaient des Juifs ou que l'esprit juif était séditieux et le sang juif corrupteur, je ne pensais pas à vous, au vieux M. Lewy ou à Rosel Cohn en tant que personnes : je ne pensais qu'au croquemitaine, "le Juif".
Et quand j'appris qu'on chassait les Juifs de leur travail et de chez eux et qu'on les emprisonnait dans des ghettos, le même raisonnement s'enclencha aussitôt dans ma tête pour m'empêcher de penser qu'un tel sort pouvait aussi vous frapper, vous ou le vieux Lewy. C'était seulement "le Juif" qu'on persécutait et qu'on rendait "incapable de nuire". »

MELITA MASCHMANN, CHEF DE SECTION DES 14-18 ANS
DE LA LIGUE DES JEUNES FILLES ALLEMANDES
DE LA JEUNESSE HITLÉRIENNE

Vienne, 1938. On humilie un jeune Juif en le forçant à vandaliser un bien juif sous l'œil vigilant d'un responsable local du parti nazi.

Les témoins du génocide

Dès le premier jour de l'occupation de la Pologne, la violence, la brutalité et la cruauté devinrent la règle. Les nazis dévastèrent ce pays. Les effets s'en font encore sentir aujourd'hui. Pis que tout, les Polonais furent obligés d'être les témoins oculaires, presque tous les jours, du génocide des Juifs. Peu de Polonais participèrent directement à la Shoah, mais un trop grand nombre pourtant dénoncèrent aux autorités des Juifs en fuite ou des familles qui les avaient payés pour les cacher. À l'inverse, des milliers de Polonais n'hésitèrent pas à aider des amis et des voisins juifs, risquant non seulement leur propre vie mais celle de leur famille. La résistance nationale polonaise créa un groupe, Zegota, uniquement chargé du sauvetage des Juifs.

Même avant la guerre, les Polonais et les Juifs entretenaient des rapports compliqués, caractérisés des deux côtés par la méfiance et l'hostilité. La discrimination s'exerça contre les Juifs polonais sous diverses formes. Mais il se trouva des antisémites convaincus pour aider les Juifs pendant la guerre. Ils le firent peut-être par charité chrétienne ou par haine des Allemands. Car, hormis les Juifs et les Tsiganes, aucun groupe ne souffrit autant que les Polonais, et la lutte contre l'ennemi commun nazi favorisa parfois les compromis.

Or la situation ne s'améliora pas quand les Juifs qui avaient survécu à la guerre (300 000 environ sur les 3 millions de Juifs polonais) se heurtèrent, à leur retour, à la froideur et à l'hostilité déclarée des Polonais. Des pogroms furent organisés, on maltraita les Juifs, et

« J'ai pensé au Campo dei Fiori
À Varsovie près du manège aérien
Par un soir de printemps enchanteur
Aux accents d'une musique de carnaval.
La mélodie joyeuse étouffait
Les tirs en rafale derrière le mur du ghetto
Et des couples s'envolaient
Haut dans le ciel bleu.
Par moments le souffle de l'incendie
Apportait de sombres cerfs-volants
Et les cavaliers du manège
Attrapaient des pétales dans l'air.
Ce même vent brûlant
Ouvrait les jupes des filles
Et la foule riait
En ce beau dimanche à Varsovie.
Quelqu'un y verra un message :
Que le peuple de Rome et de Varsovie
Se chamaille, rit, fait l'amour
En longeant les bûchers des martyrs.
Quelqu'un d'autre y lira
Le passage des choses humaines,
L'oubli né avant que les flammes ne s'éteignent.
Mais ce jour-là j'ai seulement pensé
À la solitude des mourants. »

EXTRAIT DE *CAMPO DEI FIORI* DE CZESLAW MILOSZ

Une salle de classe polonaise

Cecylia Przylucka, polonaise, se souvient de ses camarades de classe et évoque leur sort.

« Prenez une loupe pour regarder les enfants sur la photo. Ce sont des enfants de la ville de Kozowo en Podolie, de la classe de 5e A, heureux parce que les vacances vont commencer.

« La première fois que je suis allée à l'école, mon père demanda qu'on me mette à côté des enfants juifs. Il

ne cessait de répéter : "Les Juifs sont un peuple sage : on devrait toujours tenir compte de leurs conseils."

« C'est peut-être pourquoi je devins si proche d'eux. Mes préférées étaient Roza et Klara, assises au milieu de la classe. Roza était sérieuse. Elle était coiffée la plupart du temps avec des nattes ramenées par des rubans en macarons sur les oreilles. C'était la meilleure en mathématiques et elle aidait les autres élèves. Quand on allait en excursion, elle apportait des petits pains croustillants pour tout le monde. Ses parents avaient une boulangerie.

« À côté d'elle se trouvait Klara, sa compagne inséparable. Elle avait

des cheveux très bouclés, coiffés en petites nattes. Elle aimait faire rire les enfants par ses remarques. Dans la classe il y avait une autre Klara, une gentille fille, studieuse, terriblement silencieuse. Sur la photo elle se tient près du mur. Derrière elle c'est Mosio, avec le col blanc rabattu. Il portait toujours ce genre de chemise. Souvent il s'appuyait sur son coude, et le maître disait :"Mosiu, je suis sûr que tu le sais déjà." Et il ne se trompait pas. Sonia, assise au fond à gauche, était fille unique, tirée à quatre épingles et vraiment belle. Elle allait à l'école en dansant et en riant. Il y avait aussi Sara (ici, à droite), aux cheveux cuivrés. Elle était timide, et avait des problèmes avec le polonais. Et il y avait une autre fille et un autre garçon, mais je ne me rappelle pas leurs noms. [...] Quand les Allemands sont arrivés, les enfants juifs de cette photographie et du reste de l'école – ainsi que leurs parents, leurs frères et sœurs et d'autres membres de leurs familles – furent tous assassinés. On les emmena en dehors de la ville, jusqu'aux carrières, et on les tua par balle. Un tiers de notre ville mourut ainsi. Quatre personnes survécurent. Un père et son fils se cachèrent dans les marais, loin de la ville, et ma mère protégea Szmuc et son fiancé. Elle les installa dans notre cave et pendant un an et demi elle leur apporta à manger, sans même en parler à notre père. Et dans la cave ils survécurent à la tragédie. Ils eurent un enfant, mais il était mort-né. Ils durent l'enterrer à côté d'eux. Ils ne nous le dirent que lorsqu'ils furent libres. »

de nouveau, beaucoup d'entre eux fuirent le pays. Aujourd'hui, de nombreux jeunes Polonais s'intéressent aux apports des Juifs à l'histoire de leur nation et aux traces de leur présence, comme les synagogues vides et les cimetières abandonnés. Mais les Juifs ont disparu.

Les démocraties ferment leurs portes

La persécution brutale exercée par l'Allemagne nazie contre les Juifs déconcerta beaucoup de citoyens des démocraties occidentales. On relevait des comportements antisémites un peu partout, mais l'ostracisme social absolu à l'égard d'un groupe assimilé allait à l'encontre des traditions humanitaires et démocratiques. Certains voulaient aider les Juifs d'Europe, mais la plupart des gens faisaient preuve d'indifférence et les portes qui auraient pu les conduire à la sécurité restèrent fermées. Peu de responsables politiques osèrent remettre en question les restrictions à l'immigration en vigueur. Des voix s'élevèrent pour exprimer leur inquiétude, mais on prit rarement des mesures d'aide directes et suffisantes.

À l'automne 1942, des détails sur les tueries massives parvinrent à la connaissance du grand public et les pressions s'accrurent pour pousser les Alliés à agir. En vain. Lorsque, en 1944, le gouvernement américain dirigé par le président Roosevelt créa le War Refugee Board (WRB), qui avait pour mission de sauver les Juifs, le gouvernement britannique parla de « manœuvre de relations publiques ».

Même si le WRB fit preuve d'une certaine efficacité,

AUCUN REFUGE EN VUE

Les réfugiés juifs du St. Louis *débarquent après avoir été contraints de regagner l'Europe. Le 13 mai 1939, quelque 1 000 réfugiés juifs quittaient Hambourg, fuyant les nazis à bord du* St. Louis, *un bateau allemand. Ils se rendaient à Cuba, qui leur refusa l'entrée sur son territoire. Leurs tentatives pour obtenir l'asile aux États-Unis échouèrent aussi. C'est ainsi que, un peu plus d'un mois à peine après avoir quitté l'Europe, ils accostèrent à Anvers le 17 juin. Aucun pays situé hors d'Europe ne les accueillit. Une poignée d'entre eux parvinrent à se réfugier en Angleterre, mais beaucoup tombèrent entre les mains des Allemands et périrent dans des camps de concentration ou d'extermination.*

de nombreux historiens considèrent la réaction de l'Amérique à la Shoah comme le pire échec de la présidence de Roosevelt. En revanche, les défenseurs de la politique alliée font valoir, assez justement, que la meilleure façon d'aider les Juifs d'Europe consistait à se battre pour mettre fin rapidement à la guerre. Mais de nombreux commentateurs continuent d'affirmer que la réaction anémique des esprits libéraux et leur manque d'imagination face à la Shoah marquèrent « l'échec des démocraties ».

Le bombardement d'Auschwitz

De mai à juillet 1944, le monde regarda sans bouger les Allemands déporter des centaines de milliers de Juifs hongrois, à travers la Slovaquie, vers Auschwitz-Birkenau. De nombreuses personnes et organisations supplièrent les Alliés de faire quelque chose pour arrêter les massacres. Le bombardement du camp de Birkenau, dont nul n'ignorait la fonction, ralliait tous les suffrages. On recommandait aussi de bombarder les voies ferrées conduisant au camp.

En cette dernière année de guerre, les forces aériennes des Alliés avaient la maîtrise du ciel de l'Europe. Des bombardiers américains venant d'Italie survolaient le camp presque tous les jours. Or, pour plusieurs raisons, les hauts responsables américains et britanniques refusèrent d'ordonner le bombardement du camp. Les explications officielles données à l'époque ne manquent pas de cynisme. Le ministre britannique Richard Law mit deux mois à répondre à la requête de Chaim Weizmann, dirigeant juif en vue. Lorsqu'il se résolut à le faire, en septembre, il écrivit :

« Nous cessâmes de travailler, et les soldats et les civils allemands coururent aux abris. La plupart d'entre nous ne bougèrent pas. Sans doute exprimions-nous par là notre sentiment de supériorité, et une sorte de revanche. Nous n'avions rien à perdre, juste à attendre le plaisir d'assister à la destruction de la grande usine que nous construisions pour I. G. Farben Industrie. C'était bien naturel. Ce sentiment de bonheur persista aussi après que les Américains eurent vraiment commencé à bombarder et que nous eûmes bien sûr des pertes aussi, des blessés et des morts. Comme c'était beau de voir les escadrilles jaillir du ciel l'une après l'autre, larguer les bombes, détruire les bâtiments et tuer aussi des membres du Herrenvolk ! Ces bombardements nous remontèrent le moral et, paradoxalement, éveillèrent sans doute en nous l'espoir de nous en tirer, d'échapper à cet enfer. Notre imagination galopant, nous songeâmes aussi à une opération coordonnée entre les alliés et le très petit mouvement clandestin du camp, avec lequel j'étais en contact. Nous imaginions une destruction doublée d'une évasion ; la destruction causée d'en haut par les bombardiers, et par nos mains en nous évadant, quitte à devenir des bombes vivantes, à être tués. Malheureusement cela n'arriva jamais. »

SHALOM LINDENBAUM, SURVIVANT D'AUSCHWITZ-MONOWITZ

« L'état-major de l'armée de l'air a étudié la question avec la plus grande attention, mais je suis au regret de vous dire que, au vu des très grandes difficultés techniques qu'elle présente, nous n'avons pas d'autre choix que de nous abstenir de donner suite à cette proposition dans le contexte actuel. J'ai conscience que cette décision vous décevra, mais soyez pleinement assuré que la question a fait l'objet d'un examen extrêmement approfondi. » D'après certains historiens, l'indifférence explique cette fin de non-recevoir ; la polémique se poursuit aujourd'hui encore. Or les faits sont là : jamais on ne tenta quoi que ce soit pour les Juifs qu'on gazait par milliers.

La Shoah – peut-on en tirer un enseignement ?

L'ÉCRIVAIN Charlotte Delbo, survivante d'Auschwitz où elle fut internée comme prisonnier politique, a décrit dans son œuvre l'abîme que furent les camps de concentration nazis. Elle nous pressait d'essayer de regarder ce monde sans détourner les yeux, d'essayer « pour voir ». En même temps elle était profondément consciente de l'« inutilité » de ce qu'elle en avait appris.

La Shoah, le mal absolu, pose un défi fondamental à notre capacité de tirer des enseignements du passé. Aujourd'hui encore, les destructions opérées par la Seconde Guerre mondiale dépassent la compréhension de beaucoup d'entre nous.

> *« Ces crimes sont sans précédent en raison du nombre horrifiant de victimes. Ils sont d'autant plus horrifiants et sans précédent qu'un très grand nombre d'individus s'unirent pour les perpétrer [...] ils furent à l'origine de l'émulation dans la cruauté et de la compétition dans le crime. »*
>
> ROBERT H. JACKSON, JUGE À LA COUR SUPRÊME DES ÉTATS-UNIS, PROCUREUR GÉNÉRAL AMÉRICAIN AU PROCÈS DE NUREMBERG

La guerre en Europe se caractérisa par deux traits essentiels. Elle fut une guerre « conventionnelle » qui avait pour enjeux le pouvoir et les ressources, et fit des millions de morts. Mais elle revêtit une autre dimension, et c'est là sa nouveauté. Elle fut une guerre idéologique, visant surtout à éliminer de façon radicale l'existence présente et future des Juifs d'Europe. Hitler perdit la guerre « conventionnelle ». Beaucoup estiment qu'il gagna la seconde et doutent que le peuple juif, qui apporta tant à l'histoire de l'Europe, ait un avenir à longue échéance sur ce continent. Le bien-fondé de cette analyse reste à prouver, mais nous pouvons être certains que le développement et le futur de l'Europe en ont été modifiés de manière définitive – et négative.

Nous savons beaucoup de choses sur le génocide des Juifs. Depuis longtemps les chercheurs s'interrogent sur le « comment » du génocide – comment fut-il possible ? – et proposent de nombreuses réponses. Mais le « pourquoi » – pourquoi par exemple 90 % des enfants juifs vivant en 1939 en Europe ont dû mourir – reste aussi inexplicable pour nous aujourd'hui que pour les victimes à l'époque. Certains pensent que la pleine compréhension de la Shoah dépasse les possibilités de l'imagination humaine. Il existe peu d'événements dans l'Histoire, sinon aucun, qui soient autant de l'ordre de l'inconcevable.

Pourtant, rester indifférent et ne pas essayer de comprendre le « pourquoi » de la Shoah pourrait mettre en péril notre futur à tous, car cette question n'intéresse pas seulement les Juifs mais l'humanité tout entière. L'écrivain Primo Levi a dit : « Il n'est ni facile ni agréable de sonder cet abîme de noirceur [...]. On est tenté de détourner les yeux et de tourner ailleurs son esprit : c'est une tentation qu'il faut repousser. » Nous pouvons souhaiter que la Shoah ne se soit jamais produite. Mais elle s'est produite, au cœur de l'Europe, et elle est inscrite dans le patrimoine européen pour l'éternité.

L'historien Omer Bartov estime que le plus terrible tient à « l'impossibilité d'apprendre quoi que ce soit de la Shoah... de tirer parti des faits ». Pour lui, la Shoah annule les notions d'enseignement du passé et de progrès. C'est, redoute-t-il, « précisément l'absence de signification de l'événement, son inutilité radicale, sa vacuité totale et absolue, qui nous laissent dans un état de stupeur, privés du pouvoir de la pensée et de l'imagination ».

C'est là un argument puissant. La Shoah représente un trou noir dans l'histoire de l'Europe et du monde moderne. Pourtant il faut comprendre, au minimum, qu'elle a pu se produire parce que des gens comme vous et moi décidèrent qu'elle se produise. Ils choisirent de planifier l'anéantissement et de le perpétrer pendant de nombreuses années. Ils auraient pu faire un autre choix. Ils auraient dû faire un autre choix.

Il incombera donc toujours aux parents, aux enseignants, aux dirigeants, d'apprendre à nos enfants, qui à leur tour l'enseigneront à leurs enfants, qu'il existe un bon choix au même titre qu'un mauvais choix. Mais nous ne ferons le bon choix que si nous comprenons à quoi peut conduire le mauvais.

« Ô vous qui savez
saviez-vous que la faim fait briller les yeux
que la soif les ternit
Ô vous qui savez
saviez-vous qu'on peut voir sa mère morte
et rester sans larmes
Ô vous qui savez
saviez-vous que le matin on veut mourir
que le soir on a peur
Ô vous qui savez
saviez-vous qu'un jour est plus qu'une année
une minute plus qu'une vie
Ô vous qui savez
saviez-vous que les jambes sont plus vulnérables
que les yeux
les nerfs plus durs que les os
le cœur plus solide que l'acier
saviez-vous que les pierres du chemin ne
pleurent pas
qu'il n'y a qu'un mot pour l'épouvante
qu'un mot pour l'angoisse
Saviez-vous que la souffrance n'a pas de limite
l'horreur pas de frontière
Le saviez-vous
Vous qui savez »

CHARLOTTE DELBO

CHRONOLOGIE DE LA SHOAH EN FRANCE

1940

27 SEPTEMBRE

En zone occupée, les Allemands édictent une ordonnance antijuive calquée sur la législation du Reich. Ils exigent un recensement de la population juive. L'administration française y procédera en octobre, dénombrant 150 000 Juifs dans l'agglomération parisienne et environ 20 000 dans le reste de la zone occupée.

3 OCTOBRE

En zone libre, la loi portant sur le statut des Juifs est promulguée par le gouvernement français. Signée par le maréchal Pétain, elle institue un régime de discrimination raciale. Plus radical que ne l'exigeait l'ordonnance allemande, ce statut, en introduisant la notion de « race juive », désigne les Juifs, qui ne constituent que 0,7 % de la population française, comme les responsables de la défaite et en fait des citoyens de troisième catégorie. Ils sont éliminés des fonctions électives, de la fonction publique et promis à un strict « *numerus clausus* » (un nombre limité) dans toutes les professions libérales. Aucune véritable opposition ne se manifeste. Seuls certains responsables spirituels et les élites de la communauté juive protestent, mais en vain.

4 OCTOBRE

Une autre loi antisémite et xénophobe permet aux préfets de procéder sur l'ensemble de la France (y compris en zone libre) à l'internement des « étrangers de race juive », estimés à plus de 150 000. De nombreux réfugiés juifs sont dirigés vers des camps, qui sont installés notamment à Argelès, Rivesaltes (Pyrénées-Orientales), Noé, Recebedou (Haute-Garonne), Rieucros (Lozère), Gurs (Pyrénées-Atlantiques), Les Milles (Bouches-du-Rhône). Les conditions de détention y sont si dures qu'environ 3 000 prisonniers perdront la vie dans ces antichambres de la déportation. À noter : tous ces camps ont été établis sur un territoire où il n'y avait pas de soldats allemands.

7 OCTOBRE

Les Juifs d'Algérie, Français depuis 1870, sont déchus de leur nationalité et soumis à un régime d'exclusion.

1941

MARS

Le gouvernement de Vichy crée le Commissariat général aux questions juives (CGQJ), aussi puissant qu'un ministère. Le CGQJ est chargé de stimuler l'ardeur antisémite de l'administration et de l'opinion publique, sous la direction de Xavier Vallat, remplacé en 1942 par Louis Darquier de Pellepoix. Encouragées par les nombreuses implantations en zone libre de camps d'internement pour Juifs étrangers, la Gestapo et l'ambassade du Reich persuadent le commandement militaire allemand d'inciter le gouvernement français à créer des camps identiques en zone occupée.

14 MAI

La première rafle est organisée à Paris. Les policiers français arrêtent plus de 3 700 Juifs étrangers, exclusivement des hommes, dont 3 430 Polonais. Ils sont envoyés immédiatement par quatre trains spéciaux de la gare d'Austerlitz vers deux camps du Loiret, Pithiviers et Beaune-la-Rolande, administrés par la préfecture de la région.

JUIN

Le gouvernement de Vichy décrète un recensement obligatoire pour les Juifs français en zone libre. 140 000 déclarations sont enregistrées. Un second statut des Juifs les élimine presque totalement des professions libérales ou commerciales et de l'enseignement supérieur.

JUILLET

Une nouvelle loi dépossède les Juifs de toutes leurs entreprises et de leurs biens, meubles et immeubles. Progressivement, leur exclusion systématique de la vie sociale s'organisera : interdictions de voyager, de sortir de leur domicile entre vingt heures et six heures, de posséder radio, bicyclette, téléphone, d'entrer dans un jardin public, un théâtre, un cinéma, une piscine, de changer de résidence ; pièces d'identité marquées du tampon « Juif », etc.

20 AOÛT

Une seconde grande rafle, décidée par les autorités allemandes, est confiée à la police municipale parisienne, contrôlée par des militaires allemands.
4 232 hommes juifs, dont environ 1 500 Français, sont dirigés sur le camp de Drancy ouvert pour la circonstance dans un ensemble de HLM inachevées. Des dizaines d'internés y mourront de faim jusqu'en novembre 1941, où le régime carcéral s'assouplit sur l'intervention des Allemands.

SEPTEMBRE

La propagande antijuive se déchaîne en zone occupée. Une exposition « Le Juif et la France » est présentée au palais Berlitz à Paris.

NOVEMBRE

Vichy crée l'Union générale des Israélites de France (UGIF), destinée à rassembler toutes les institutions juives en une seule organisation pour mieux en assurer le contrôle.

12 DÉCEMBRE

En réponse à des attentats perpétrés contre des militaires allemands, les représailles visent en priorité les Juifs et les communistes. La Feldgendarmerie allemande, assistée de policiers français, arrête 743 hommes, des notables juifs, presque tous de nationalité française, qui sont incarcérés au camp allemand de Compiègne.

15 DÉCEMBRE

À Drancy 53 hommes sont sélectionnés pour être fusillés au mont Valérien. Sur ce seul site, 174 Juifs seront fusillés, soit plus de 17 % du nombre total des résistants et opposants qui seront passés par les armes.

1942

27 MARS

Le premier convoi part de France pour Auschwitz avec 1 112 hommes, des camps de Drancy et Compiègne.

29 MAI

Les Allemands instituent en zone occupée le port d'une étoile jaune marquée du mot « Juif », y compris pour les enfants dès l'âge de six ans. Chargée de veiller à l'exécution de cette mesure, la police française arrête dans les mois suivants des centaines de Juifs en infraction, qui seront conduits à Drancy et déportés.

5 JUIN

Le deuxième convoi part de Compiègne pour Auschwitz avec 1 000 hommes raflés en mai et août 1941. À la fin du mois 3 000 autres hommes de ce groupe sont déportés en trois convois à Auschwitz depuis les camps de Drancy, Pithiviers et Beaune-la-Rolande.

Dans le même temps les chefs SS (Oberg, Knochen, Lischka et Hagen), désormais responsables de la police allemande en France, négocient la déportation de la population juive avec le Premier ministre, Pierre Laval, et son « ministre » de la Police, René Bousquet, assisté de son délégué en zone occupée, Jean Leguay, et du nouveau commissaire général aux Questions juives, Darquier de Pellepoix.

7 JUIN

Quelques Parisiens, surtout des jeunes, manifestent leur solidarité en arborant dans la rue des étoiles portant des inscriptions telles que « Swing », « Auvergnat », « Papou », ou bien même l'insigne « Juif ». Une vingtaine sont emprisonnés, à Drancy pour les hommes et au camp des Tourelles pour les femmes, pendant près de trois mois. En fait, c'est l'étoile jaune qui a suscité le premier mouvement perceptible de désapprobation populaire à l'encontre des mesures antijuives. Même certains antisémites condamnent le port de l'étoile, en particulier pour les enfants.

16 JUIN

Bousquet consent à livrer 10 000 Juifs apatrides de la zone libre, mais les négociations achoppent sur la question du concours de la police française à l'opération prévue en zone occupée : il s'agit d'arrêter 30 000 Juifs, dont 40 % de ressortissants français. Cette atteinte au droit d'asile soulèvera, en zone libre, l'indignation de l'opinion publique contre Vichy et provoquera un profond revirement en faveur des Juifs.

2 JUILLET

Bousquet et Knochen parviennent à un accord : seuls les Juifs apatrides seront arrêtés, mais ce sera par la police française. Pendant l'été, plus de 10 000 Juifs apatrides de la zone libre seront livrés à la Gestapo par Vichy pour être déportés de Drancy, en zone occupée, à l'Est. Ainsi ont-ils été les seuls Juifs en Europe à avoir été arrêtés sur un territoire où il n'y avait pas d'Allemands, pour être envoyés à Auschwitz.

4 JUILLET

Laval entérine l'accord. Il propose également que les enfants des Juifs raflés en zone libre accompagnent leurs parents, mais il se désintéresse du sort des enfants juifs de la zone occupée, laissant les Allemands décider ou non de leur déportation.

8 JUILLET

La 9e ordonnance allemande empêche les Juifs, devenus aisément repérables, de se mêler à la vie des Français non juifs.

15 JUILLET

Bousquet donne au préfet de police le feu vert pour la rafle en zone occupée. Une arrestation de 20 000 à 22 000 adultes est prévue.

16-17 JUILLET

Près de 4 500 policiers arrêtent 3 118 hommes, 5 119 femmes et 4 115 enfants. Ces derniers sont dans leur très grande majorité nés en France et de nationalité française. Parents et enfants, 8 160 au total, sont internés au Vélodrome d'Hiver dans des conditions insupportables. 4 992 célibataires ou couples sans enfants sont internés à Drancy. Ce camp, qui a une capacité maximale d'environ 4 500 personnes, en contiendra jusqu'à 6 500 pendant les mois de juillet-août 1942 et jouera dans les déportations de France un rôle capital pour le rassemblement et le transit.

Pendant cet été 1942, des convois de mille Juifs, hommes, femmes et enfants, quittent la gare du Bourget-Drancy à destination du camp d'Auschwitz à la cadence de trois par semaine environ, soit 34 convois entre le 17 juillet et le 30 septembre, et 43 convois au total pour l'année 1942.

Le 17 juillet, au cours d'une réunion avec la Gestapo, les responsables de la police française insistent pour que les enfants de deux à quinze ans soient également déportés, alors même que l'éventualité d'une déportation des parents sans les enfants est envisagée. Cependant, il faudra, pour déporter les enfants, attendre l'autorisation d'Adolf Eichmann à Berlin, qui ne viendra que quatre semaines plus tard, le 13 août.

19 JUILLET
Le septième convoi part de Drancy avec 999 hommes, femmes et enfants et arrive le 21 juillet à Auschwitz où, pour la première fois, un convoi venu de France fera l'objet d'une sélection à l'arrivée : 375 personnes sont gazées immédiatement. En 1945, 17 hommes seulement seront encore en vie.

20 JUILLET
À partir de cette date les 4 000 enfants enfermés dans le Vélodrome d'Hiver ainsi que leurs parents sont transférés dans les deux camps du Loiret vidés un mois auparavant.

31 JUILLET
La police de Vichy, soucieuse de remplir les trains commandés par la Gestapo (trois par semaine), choisit de faire partir d'abord les mères. À Pithiviers et Beaune-la-Rolande, les gendarmes les séparent de leurs enfants à coups de crosse au prix de scènes déchirantes. Des milliers d'enfants sont laissés seuls dans une situation de détresse morale et matérielle insoutenable.

14 AOÛT
Les enfants internés dans les camps du Loiret sont transférés à Drancy et déportés à partir du 17 août vers Auschwitz, où ils seront tous gazés dès leur arrivée.

26 AOÛT
Une grande rafle est organisée dans la zone libre, mais le résultat en est décevant selon Vichy : 6 122 arrestations, dont plusieurs centaines d'enfants, qui sont victimes des ultimes consignes données par Bousquet le 18 août. Leur transfert à Drancy se fait dans des conditions épouvantables.
Les protestations des Français, menées notamment par les autorités des Églises catholique et protestante, entraîneront dès l'automne, avant même les premières défaites allemandes, un très net ralentissement de la coopération policière de Vichy avec la Gestapo dans la traque des familles juives.

11 DÉCEMBRE
Après l'invasion de la zone libre par les Allemands, Vichy impose l'estampillage des cartes d'identité et d'alimentation avec le mot « Juif ».

1943

JUIN
Un commando de SS autrichiens, sous les ordres du capitaine Aloïs Brunner, prend la direction du camp de Drancy, dont la surveillance extérieure reste à la charge de la police française. Les conditions sanitaires sont améliorées, mais Brunner y instaure un régime de terreur. Il répartit les prisonniers en catégories déportables et non déportables, ce qui lui permet d'assurer un contrôle efficace du camp en en confiant l'administration à des détenus juifs. Il peut ainsi organiser personnellement de grandes rafles sur la Côte d'Azur et dans la région de Grenoble.

1944

6 AVRIL

Des militaires allemands, conduits par la Gestapo de Lyon, alors sous les ordres de Klaus Barbie, investissent le foyer d'enfants juifs du village d'Izieu (Ain). Parmi eux, plusieurs enfants avaient été sortis clandestinement des camps de Vichy en zone libre par des responsables de l'OSE (Œuvre de secours aux enfants), en particulier par la vaillante Sabine Zlatin qui, aidée de son mari, les avait emmenés en avril 1943 à Izieu, alors situé dans la zone d'occupation italienne, où les policiers de Vichy et de la Gestapo ne pouvaient intervenir.
45 enfants sont arrêtés. Un seul d'entre eux est libéré quand les Allemands apprennent qu'il n'est pas juif. Les autres sont transférés de Fort-Montluc à Drancy, puis déportés, la plupart le 13 avril 1944 par le convoi n° 71. Ce transport emmenait également Simone Veil, âgée de seize ans. Celle qui fut l'une des plus jeunes survivantes de la déportation de France est devenue, des années plus tard, présidente du Parlement européen, puis membre du Conseil constitutionnel. Les 44 enfants ont tous été assassinés. Des 7 éducateurs qui les accompagnèrent jusqu'au bout, seule survécut Léa Feldblum. En 1987 Léa Feldblum vint témoigner, avec Sabine Zlatin, contre Barbie lors de son procès à Lyon.

1945

17-18 JANVIER

Début de l'évacuation forcée d'Auschwitz. Les SS obligent les détenus à gagner l'Allemagne à pied dans les « marches de la mort ».

27 JANVIER

L'Armée rouge libère Auschwitz.

11 AVRIL

Les Américains libèrent le camp de concentration de Buchenwald.

15 AVRIL

Les forces britanniques libèrent le camp de concentration de Bergen-Belsen.

29-30 AVRIL

Les forces soviétiques libèrent le camp de concentration de Ravensbrück et y découvrent 3 500 détenues.

30 AVRIL

Hitler se suicide.

7-8 MAI

L'Allemagne capitule. C'est le jour de la victoire. La guerre est finie en Europe.

SERGE KLARSFELD

LA SHOAH EN FRANCE : LE BILAN

Des 330 000 Juifs vivant en France en 1940, soit 190 000 Français et 140 000 étrangers, un quart a péri victime de la « solution finale ».

Les déportés sont au nombre de 75 721. Les morts dans les camps en France, en particulier ceux de la zone libre avant la déportation, sont au minimum 3 000. Les Juifs exécutés ou abattus sommairement parce qu'ils étaient juifs sont au minimum un millier.

Au total donc 80 000 victimes environ. Parmi eux environ 25 000 Français (dont 10 000 Français de souche) et 55 000 étrangers.

42 000 Juifs ont été déportés de France en 42 convois durant l'année 1942. En 1943, 17 convois ont emmené « à l'Est » 17 000 Juifs et, en 1944, 14 convois en ont emporté 15 000. Près de 2 000 autres Juifs sont partis par d'autres convois, en particulier ceux du nord de la France, via la Belgique.

La grande majorité des convois a abouti au camp d'Auschwitz, sauf quatre convois en mars 1943 qui ont été dirigés vers Maïdanek et Sobibor, et deux en 1944, l'un à Kaunas/Reval et l'autre à Buchenwald.

Il y a eu environ 2 700 survivants sur les 73 853 déportés des 74 grands convois. Plus de 11 000 enfants ont été déportés sans retour, dont environ 2 000 âgés de moins de six ans.

En comparant le nombre des enfants juifs déportés à celui des adultes, on constate qu'en France l'effort des familles et des organisations juives comme l'OSE pour sauver les enfants a rencontré dans la population non juive une sympathie et une solidarité remarquables à partir de l'été 1942, au moment où les familles juives, et non plus seulement les hommes, devinrent la cible des rafles.

Si le gouvernement de Pétain et de Laval a abouti à une faillite morale et s'est déshonoré en participant activement à l'élimination d'un quart de la population juive, les survivants doivent en général leur salut non seulement à leur volonté ou à leur habileté à échapper aux arrestations, mais aussi à la solidarité que leur a témoignée une part importante de la population. Ils furent nombreux en France ceux qui se sont portés à leur aide, et le mémorial des Martyrs à Jérusalem les honore en leur décernant la plus haute distinction israélienne, la médaille des Justes.

SERGE KLARSFELD

Bibliographie

Arad, Y. (*et al.*), *Documents on the Holocaust*, Yad Vashem, 1981.
Bartov, O., *Murder in Our Midst : The Holocaust, Industrial Killing and Representation*, New York, 1996.
Bauer, Y., « The Gypsies », in Berenbaum, M., Gutman, Y., *Anatomy of the Auschwitz Death Camp*, Indiana, 1992.
Berenbaum, M. (dir.), *A Mosaic of Victimes : Non-Jews Persecuted and Murdered by the Nazis*, Londres, 1990.
Beszwinska, J., Czech, D. (dir.), *Auschwitz in den Augen der SS*, Varsovie, Publications du musée d'État d'Auschwitz, 1992.
Birenbaum, H., *Hope is the Last to Die*, Oswiecim, Publications du musée d'État d'Auschwitz, 1994.
Blady Szwajger, A., *Je ne me souviens de rien d'autre*, Paris, Calmann-Lévy, 1990.
Browning, C., *Des hommes ordinaires : Le 101ᵉ bataillon de réserve de la police allemande et la solution finale en Pologne*, Paris, Belles Lettres, 1994.
Bruchfeld, S., *Förnekandet av Förintelsen. Nynazistisk historieförfalskning efter Auschwitz*, Stockholm, 1996.
Burleigh, M., *Death and Deliverance, « Euthanasia » in Germany 1900-1945*, Cambridge, Cambridge University Press, 1994.
Burleigh, M., Wippermann, W., *The Racial State, Germany 1933-1945*, Cambridge, Cambridge University Press, 1991.
Chamberlain, H.S., *The Foundations of the Nineteenth Century*, vol. 1, Londres, 1911 [*La Genèse du XIXᵉ siècle*, Paris, Payot, 1913].
Czech, D., *Kalendarium der Ereignisse im Konzentrationlager Auschwitz-Birkenau 1939-1945*, Rowohlt, Reinbek bei Hamburg, 1989.
Delbo, C., *Auschwitz et après*, vol. I : *Aucun de nous ne reviendra*, Paris, Éditions de Minuit, 1970.
Der Prozess gegen die Hauptkriegsverbrecher vor dem Internationalen Militärgerichtshof, vol. XXIX, Munich, 1989.
Dobroszycki, L. (dir.), *The Chronicle of the Lodz Ghetto, 1941-1944*, New York, 1984.
Dwork, D., *Children with a Star : Jewish Youth in Nazi Europe*, New Haven, 1991.
–, *Dödsapparaten*, Amsterdam, 1993.
Frank, O., Pressler, M., *Le Journal d'Anne Frank*, éd. définitive, Paris, Calmann-Lévy, 1992.
Frankl, H., Frankl, T., *Jiddische Lieder*, Wiesbaden, 1981.
Friedländer, S., *L'Allemagne nazie et les Juifs*, 1. *Les années de persécution, 1933-1939*, Paris, Le Seuil, 1997.
Gilbert, M., *Auschwitz & the Allies : The Politics of Rescue*, Feltham, Middlesex, 1983.
–, *The Holocaust, The Jewish Tragedy*, Londres, 1986.
Glass, J., « *Life Unworthy of Life* » *: Racial Phobia and Mass Murder in Hitler's Germany*, New York, 1997.
Goldhagen, D.J., *Les bourreaux volontaires de Hitler : Les Allemands ordinaires et l'Holocauste*, Paris, Points-Seuil, 1997.
Graml, H., *Antisemitism in the Third Reich*, Cambridge, Mass., 1992.
Grün (von der), M., *Hur var det egentligen ? Att växa upp i Tredje Riket*, Stockholm, 1981.
Halevy, Y. (dir.), *Historical Atlas of the Holocaust*, Washington, 1996.
Hilberg, R., *La Destruction des Juifs d'Europe*, Paris, Fayard, 1988.
–, *Sonderzüge nach Auschwitz*, Mayence, 1981.
Housden, M., *Resistance and Conformity in the Third Reich*, New York, 1997.
Jansen, H. (*et al.*), *Antisemitismen : En historisk skildring i ord och bild*, Stockholm, 1991.
Kaplan, C., Katsch, A., *Scroll of Agony : The Warsaw Diary of Chaim*, Stockholm, 1967.
Klarsfeld, S., *L'Album d'Auschwitz*, Paris, Le Seuil, 1980.
– , *Le Mémorial des enfants juifs déportés en France*, Paris, la fondation Klarsfeld, 1994.
Klee, E., *Dokumente zur « Euthanasie »*, Francfort-sur-le-Main, 1988.
Klee, E. (*et al.*), *« Schöne Zeiten ». Judenmord aus der Sicht der Täter und Gaffer*, Francfort-sur-le-Main, 1988.
Kogon, E., Langbein, H., Rückerl, A., *Les chambres à gaz secret d'État*, Paris, Points-Seuil, 1987.
Krausnick, M., *Wo sind sie hingekommen ? Der unterschlagene Völkermord an den Sinti und Roma*, Gerlingen, 1995.
Lanzmann, C., *Shoah*, Paris, Fayard, 1985.
Levi, P., *Les naufragés et les rescapés : quarante ans après Auschwitz*, Paris, « Arcades », Gallimard, 1989.
Levine, P.A., *From Indifference to Activism : Swedish Diplomacy and the Holocaust, 1938-1944*, Uppsala, 1996.
Ley, R., *Schmiede des Schwertes*, Munich, 1942.
Liebermann-Shiber, E., *On the Edge of the Abyss*, New York, 1994.
Lindberg, H., *Svensk flyktingpolitik under internationellt tryck, 1936-1941*, Stockholm, 1973.

Lomfors, I., *Breven från Hertha*, Göteborg, 1987.
Michalka, W. (dir.), *Deutsche Geschichte 1933-1945, Dokumente zur Innen- und Aussenpolitik*, Francfort-sur-le-Main, 1993.
Milosz, C., *Möte, Dikter, Svensk översättning Nils Åke Nilsson*, Uppsala, Brombergs förlag, 1980.
Müller, T., *Från Auschwitz till Günskirchen*, Kristianstad, 1993.
Nazi Conspiracy and Aggression, vol. VIII (International Military Tribunal, Nuremberg), Washington, 1946.
Noakes, J., Pridham, G., *Nazism 1919-1945, State, Economy and Society*, vol. II, Exeter, 1984.
–, *Nazism 1919-1945, Foreign Policy, War and Racial Extermination*, vol. III, Exeter, 1988.
Olère, D., Olère A., *Témoins, l'Holocauste en héritage*, Paris, Wern, 1998.
Perechodnik, C., *Suis-je un meurtrier ?*, Paris, Liana Levi, 1998.
Peukert, D.J.K., *Inside Nazi Germany : Conformity, Opposition and Racism in Everyday Life*, Londres, 1989.
Piper, F., Swiebocka, T. (dir.), *Auschwitz Nazi Death Camp*, Oswiecim, 1996.
Procès des grands criminels de guerre devant le Tribunal international de Nuremberg, vol. I, Nuremberg, 1947-1949, T. Mage, 1992.
Ringelblum, E., *Chronique du ghetto de Varsovie*, Paris, Payot, 1995.
Rittner, C., Meyers, S., *The Courage to Care*, New York, 1986.
Rittner, C., Roth, J. (dir.), *Different Voices : Women and the Holocaust*, New York, 1993.
Rubenstein, R., *The Cunning of History : The Holocaust and the American Future*, New York, 1978.
Rudashevski, Y., *The Diary of the Vilna Ghetto, Ghetto Fighter's House*, Israël, 1973.
Sachnowitz, H., *Det angår också dig, berättat för Arnold Jacoby*, Stockholm, 1977.
Schiff, H., *Holocaust Poetry*, Londres, 1995.
Schoenberner, G., *Davidsstjärnan*, Malmö, 1979.
Schultheis, H., Wahler, I.E., *Bilder und Akten der Gestapo Würzberg über die Judendeportationen 1941-1943*, Bad Neustadt, 1988.
Schwarberg, G., *Der SS-Arzt und die Kinder vom Bullenhuser Damm*, Göttingen, 1994.
Segerstedt, T., *I Dag*, Stockholm, 1945.
Sereny, G., *Au fond des ténèbres. De l'euthanasie à l'assassinat de masse : un examen de conscience*, Paris, Denoël, 1983.
Sierakowiak, D., *The Diary of Dawid Siera kowiak*, Varsovie, 1960.
Stare, J., *Judiska gårdfarihandlare i Sverige*, Stockholm, 1996.
Stern, J.P., *Hitler : le Führer et le peuple*, Paris, « Champs », Flammarion, 1995.
Stoltzfus, N., *Resistance of the Heart : Intermarriage and the Rosenstrasse Protest in Nazi Germany*, New York, 1996.
Stümke, H. G., *Homosexuelle in Deutschland : Eine Politische Geschichte*, Munich, 1989.
Swiebocka, T. (*et al.*), *Inmitten des Grauenvollen Verbrechens*, Cracovie, Publications du musée d'État d'Auschwitz-Birkenau, 1996.
Tec, N., *Defiance : The Bielski Partisans*, Oxford, 1993.
Tencer, G. (dir.), *And I Still See Their Faces*, Varsovie, The Shalom Foundation, Collection of Golda Tencer-Szurmiej, 1996.
Tory, A., *Surviving the Holocaust : The Kovno Ghetto Diary*, Cambridge, Mass., 1990.
Willenberg, S., *Revolt in Treblinka*, Varsovie, 1992.
Yahil, L., *The Holocaust : The Fate of European Jewry*, Oxford, 1987.
Zimmermann, M., *Rassenutopie und Genozid : die nationalsozialistische « Lösung der Zigeunerfrage »*, Hambourg, 1996.
Zuccotti, S., *The Holocaust, The French and the Jews*, New York, 1993.

Photographies & illustrations

Couverture et p. 50, 55 (bas), 57, 63, 66, 94-95, 98, 125, 130-131, 132-133, 136-137, 142, 147, 158 : Yad Vashem, Jérusalem
p. 10 : avec l'aimable autorisation de Serge Klarsfeld
p. 11 : © Serge Klarsfeld
p. 13, 15, 21, 64-65 : tiré de Serge Klarsfeld, *Le Mémorial des enfants juifs déportés en France.*
p. 17, 100, 101 : Oded Zan/Bibliothèque centrale ; Elias Sourasky, université de Tel Aviv
p. 19, 96 : Pressens Bild
p. 22-23, 41,48 : Wiener Library, Londres
p. 26-29 : © AFF/AFS Amsterdam, Pays-Bas
p. 27 et 166-168 : Tiré de *And I Still See Their Faces*, Fondation Shalom, collection Golda Tencer-Szurmiej
p. 31 : Friedrich Seidenstücker/Bildarchiv,

Preussischer Kulturbesitz
p. 33 : Hans Firzlaff/Satire-Verlag, Hanovre
p. 37 : Robert A. Schumuhl/USHMM Photo Archives, Washington
p. 25-25, 38-40, 156-157 : FLT PICA
p. 45, 78, 80-81, 89, 163 et 178-179 : IMS/AKG
p. 46-47 et 170-171 : SVT Historiska Bildarkivet
p. 55 (carte), 71, 121, 128-129 et 148 : Jakob Wegelius
p. 61 et 90 : Ella Liebermann-Shiber, Archives du musée des Combattants du ghetto, Galilée occidentale, Israël
p. 72-75 et 85 : Instytut Pamieci Narodowej, Varsovie
p. 102 et 104-105 : Hessisches Hauptstaatsarchiv, Wies baden
p. 107 : *Nazi Conspiracy and Aggression*, vol. VIII
p. 110-111 et 114-115 : USHMM Photo Archives, Washington
p. 122-123 : Samuel Willenberg
p. 141 : David Olère, avec l'aimable autorisation de Serge Klarsfeld
p. 152 : George Schod/IMS
p. 155 : IMS

Liste des citations

p. 15 : Chamberlain, H.S., p. 269
p. 16 : P. Em. Lithander, cité in Stare, J., p. 41-42
p. 18 : Adolf Hitler, cité in von der Grün, M., p. 108-109
p.20 : Experts juridiques, cité in von der Grün, M., p. 96
p. 20 : Loi sur la Jeunesse hitlérienne, cité in von der Grün, M., p. 106
P. 32 : Loi bavaroise, cité in Burleigh, M. & Wippermann, W., p. 114-115
p. 35 : Homosexuel allemand, cité in Stümke, H. G., p. 115-116
p. 41 : Hertha Nathorff, cité in Graml, H., p. 210
p. 45 : Hertha Nathorff, cité in Graml, H., p. 207-208
p. 48 : Hilma Geffen-Ludomer/Lore Gang-Salheimer/Martha Appel, cité in Friedländer, S., p. 49
p. 49 : *Journal des bibliothécaires*, cité in Burleigh, M. & Wippermann, W., p. 83
p. 51 : Ringelblum, E., p. 98-99
p. 52 : Rudashevski, Y., p. 31
p. 53 : Reinhard Heydrich, cité in Noakes, J. & Pridham, G., vol. 3, p. 1053
p. 56 : Hilberg, R., *La Destruction des Juifs d'Europe*, 1988.
p. 56 : Chaim Kaplan, cité in Kaplan, C. & Katsh, A., p. 134-135
p. 59 : Ringelblum, E., p. 188.
p. 61 : Lieberman-Shiber, E., p. 30
p. 62 : Jacob Gens, cité in Arad, Y. *et al.*, p. 453-454
p. 63 : Blady Szwajger, A., p. 33-34
p. 64 : Odette Daltroff-Baticie, cité in Klarsfeld, *Le Mémorial des enfants juifs déportés en France*, p. 47-48
p. 73 : Ley, R., p. 231
p. 76 : Instructions pour la déportation, cité in Noakes, J. & Pridham, G., vol. 3, p. 1078-1079
p. 82 : Rapport de police, cité in Noakes, J. & Pridham, G., vol. 3, p. 1080
p. 83 : Birenbaum, H., p. 34-36
p. 87 : Friedländer, S., p. 209
p. 88 : Josef Reinhardt, cité in Krausnick, M., p. 97
p. 91 : Perechodnik, C., p. 46
p. 92 : Hertha Josias, cité in Lomfors, I., p. 81
p. 93 : Hermann Friedrich Gräbe, cité in Rittner, C., Meyer, S., p. 43
p. 94 : Delbo, C., *Auschwitz et après*, p. 11
p. 95 : Pagis, D, cité in Schiff, H., p. 180
p. 95 : Müller, T., p. 68-69
p. 97 : Sachnowitz, H., p. 13-14
p. 99 : Ivan Danielsson, cité in Levine, P.A., p. 275
p. 102 : Albert Widmann, cité in Burleigh, M., p. 119
p. 103 : Lettre du centre d'« euthanasie » de Bernburg, cité in Kogon, E., Langbein, H., Ruckerl, A., *Les chambres à gaz secret d'État*, p. 45
p. 104 : Évêque catholique de Limburg, cité in Noakes, J. & Pridham, G., vol. III, p. 1039-1040
p. 106 : Heinrich Himmler, cité in *Der Prozess gegen die Hauptkriegsverbrecher*, p. 145-146
p. 107 : Tory, A., p. 49
p. 109: Rapport d'*Einsatzgruppe*, cité in Klee, E. *et al.*, p. 57
p. 109 : Lieutenant Walther, cité in Schoenberner, G., p. 86
p. 112 : Hermann Friedrich Gräbe, cité in *Procès des grands criminels de guerre...*, vol. I, p. 248-249
p. 113 : Alfred Metzner, cité in Schoenberner, G., p. 84
p. 117 : August Becker, cité in Arad, Y. *et al.*, p. 419-420
p. 118 : L'ancien SS Franz Suchomel, cité in

Lanzmann, C., p. 75, 121
p. 119 : Yankel Wiernik, cité in Glass, J., p. 123
p. 120 : Texte affiché à Treblinka, cité in Kogon, E., Langbein, H., Ruckerl, A., *Les chambres à gaz secret d'État*, p. 163
p. 124 : Browning, C., p. 6
p. 124 : Theresa Stangl, cité in Sereny, G., p. 136
p. 125 : Joseph Schupack, cité in Goldhagen, D., p. 296
p. 126 : Johann P. Kremer, cité in Beszwinska, J. & Czech, D., p. 153-154
p. 135 : Delbo, C., *Auschwitz et après*, p. 16-17
p. 138 : Salmen Lewental, cité in Swiebocka, T. *et al.*, p. 250-251
p. 140 : Levi, P., *Les naufragés et les rescapés*, p. 52-53
p. 141 : Delbo, C., *Auschwitz et après*, p. 18
p. 142 : Simcha Rottem, cité in Lanzmann, C., p. 215-219
p. 143 : Andrea Devoto, cité in Piper, F. & Swiebocka, T., p. 199
p. 144 : Appel à la résistance, cité in Arad, Y. *et al.*, p. 303
p. 146 : Moshe Bairach, cité in Tec, N., p. 3-4
p. 149 : Stanislaw Kon, cité in Yahil, L., p. 484
p. 150 : Mordechai Anielewicz, cité in Yahil, L., p. 482
p. 152 : Les Pirates de l'Edelweiss, cité in Peukert, D.J.K., p. 158
p. 154 : Charlotte Israel, cité in Stoltzfus, N., p. 243
p. 156 : L. Porszolt, cité in Levine, P.A., p. 269
p. 158 : Stern, J.P., p. 272
p. 160 : George Bell, cité in Gilbert, M., *Auschwitz & The Allies*, p. 137
p. 162 : Melita Maschmann, cité in Noakes, J. & Pridham, G., vol. 2, p. 544-545
p. 165 : Milosz, C., cité in Schiff, H., p. 167-168
p. 166 : Cecylia Przylucka, cité in Tencer, G., p. 138
p. 173 : Shalom Lindenbaum, cité in Gilbert, M., *Auschwitz & The Allies*, p. 315
p. 174 : Richard Law, cité in Rubenstein, R., p. 20
p. 175 : Robert H. Jackson, cité in Yahil, L., p. 654
p. 176 : Levi P., *Les naufragés et les rescapés*, p. 53
p. 176 : Bartov, O., p. 89
p. 180 : Delbo, C., *Auschwitz et après*, p. 21-22

Bedoucha Elisa

Imprimé en France sur Presse Offset par

BRODARD & TAUPIN

GROUPE CPI

14969 – La Flèche (Sarthe), le 18-09-2002
Dépôt légal : septembre 2002

POCKET – 12, avenue d'Italie - 75627 Paris cedex 13
Tél. : 01.44.16.05.00